Widerstand und Träume
Dichterinnen beschreiben ihre Jugend

Widerstand und Träume

Dichterinnen
beschreiben ihre Jugend

Herausgegeben
von Norgard Kohlhagen

Verlag Huber Frauenfeld · Stuttgart

Erweiterte Fassung des Buches:
«Unsere frühesten Jahre sind nicht die glücklichsten»
Mit freundlicher Genehmigung des Fischer Taschenbuch Verlages.

Frankfurt am Main 1983
ISBN 3 71930 4

Inhalt

Vorwort

«Man braucht so viele Jahre, um zu lernen, glücklich zu sein. Erst jetzt fange ich an, einige Fortschritte in dieser Wissenschaft zu machen ... Ich will durchaus nicht glauben, daß unsere frühesten Jahre die glücklichsten sind. Die Kindheit ist nur die schöne und glückliche Zeit in der Betrachtung, im Rückblick: für das Kind ist sie voll von tiefen Schmerzen, deren Bedeutung unbekannt ist.»
Diese Sätze stehen in einem Brief, den die vierundzwanzigjährige englische Dichterin George Eliot 1844 an ihre Freundin Sara Henell schrieb. – Wie Dichterinnen aus zwei Jahrhunderten Kindheit und Jugend erlebten, habe ich in dieser Sammlung zusammengestellt. Briefe, Tagebuchnotizen, Ausschnitte aus Autobiographien und Romanen geben Auskunft darüber. Da ist – im Gegensatz zu den heiteren «Backfischromanen», die um 1870 beliebt wurden – das Glück im Elternhaus nicht immer ungetrübt. Schuljahre bringen Ängste mit sich. Starre Regeln und Vorschriften engen die Entwicklung ein. Nachgeben, Verzichten und Leiden bestimmen den Alltag, besonders bei den Mädchen. Dichterinnen, die gerade jungen Lesern mitunter schwer zugänglich erscheinen, zeigen sich hier von einer ganz anderen und oft überraschenden Seite:
Die heranwachsende George Sand muß sich strengen Gesetzen im Kloster fügen. Die kleine Marie Luise Kaschnitz wird in ein «kratziges» Matrosenkleid gezwängt. Die junge Selma Lagerlöf fühlt sich von Spukgestalten bedroht. Die halbwüchsige Isolde Kurz wird gegen ihren Willen zur Ehe gedrängt. Die Texte, die ich ausgesucht habe, sind eine Dokumentation über die Jugendjahre von Schriftstellerinnen. Sie können Verständnis dafür wecken, was «die bitteren Schmerzen der Kindheit» ausmacht – und bis heute ausmacht.

Norgard Kohlhagen

Karoline von Günderode (1780–1806)

Als Siebzehnjährige wurde die verarmte Adelige Karoline von Günderode in ein «Damenstift» in Frankfurt/Main aufgenommen. Sie begann schon früh zu schreiben: Träume, Gedichte, Dramen und Prosastücke. Unter dem Pseudonym «Tian» gab sie 1804 ihren ersten Gedichtband heraus. Zwei Jahre später setzte die junge Dichterin ihrem Leben ein Ende.
Zu den wenigen Freunden, die das isoliert lebende «Stiftsfräulein» hatte, gehörten die Geschwister Brentano: Clemens, Gunda und vor allem Bettine. Ihnen sagte und schrieb sie, wie ihr wirklich zumute war. Die Briefe, die hier wiedergegeben werden, entstanden, als die einundzwanzigjährige Karoline von Günderode nach Hause, nach Hanau, gerufen wurde, um ihre todkranke Schwester Lotte zu pflegen.

Karoline von Günderode

Darum bin ich so wechselnd – und so uneins mit mir

Karoline an Gunda Brentano

Hanau, d. 11. August 1801

Wie sonderbar sind doch die ersten Tage des Aufenthalts an einem fremden Orte, die Bande, die uns an den vorigen Aufenthalt knüpften sind aufgelöst für die Gegenwart, sie treten gleichsam in den Hintergrund der Empfindung, und der Zustand, bis man sich wieder an seine neue Umgebung angeknüpft hat, ist durchaus unangenehm; er ist eine Leere die man aus sich verdrängen möchte; so ist mir's wenigstens. Jedes interessante Wissen, wenn es der andere noch nicht mit mir teilt, Empfindung und Erfahrung ist mir ein Berg, der mich von dem, mit dem ich mich vereinigen möchte, trennt. Dir gegenüber war es mir oft so; aber ich wußte nicht ob ich den Berg zwischen uns wegzuschaffen versuchen sollte; denn ich dachte oft, es könnte nur gleichgültig sein, mich zu sehen wie ich bin. Du weißt, wie schwer es der Eigenliebe wird, einem *andern* etwas Gemeines an sich selbst zu zeigen.
Ich war Dir schon mehrmals ein (ich schmeichle es mir) treuer Spiegel, in dem Du Dich beschauen konntest; ja ich warf Dir das empfangene Bild mit großer Aufrichtigkeit zurück; niemals aber habe ich mich noch in Dir beschaut, sage wie kommt das? Ich zeige mich nicht immer gern (ich habe es schon vorhin gesagt), doch wenn ich mich gezeigt habe, so liebe ich es unmäßig mich wieder in andern zu erblicken; denn ich hoffe der andere wird mich ein schöneres Gemälde sehen lassen als ich selber erblicke. Oder vielmehr ich habe zuweilen gar keine Meinung von mir, so schwankend sind meine Selbstbeobachtungen. Überhaupt ist mirs ganz unbegreiflich, daß wir kein anderes Bewußtsein haben, als Wahrnehmung von Wirkungen, nirgends von Ursachen. Alles andere Wissen scheint mir (sobald ich dies bedenke) nicht

wissenswürdig, solang ich des Wissens Ursache, mein Wissensvermögen, nicht kenne. Diese Unwissenheit ist mir der unerträglichste Mangel, der größte Widerspruch. Und ich meine, wenn wir die Grenze eines zweiten Lebens wirklich betreten, so müßte es eine unsrer ersten innern Erscheinungen sein, daß sich unser Bewußtsein vergrößere und verdeutlichere; denn es wäre unerträglich, diese Schranke in ein zweites Leben zu schleppen.
Viele Fragen hätte ich wohl an Dich zu tun, z. B. ob Klemenz geschrieben? wie Du lebst? ob Klötchen wieder da sei? nur die Vermutung Du mögtest Fragen für ein Erpressungsmittel Deiner Antworten halten, läßt mich sie nicht geradezu tun. Ich ergebe mich hierin auf Gnade und Ungnade Deiner Launen, denn ich weiß daß sie schon dadurch, daß sie Dein sein, liebenswürdige Kinder, mit schönen bunten Fittichen sind.
Wahrscheinlich werde ich Dich viel länger als ich dachte nicht sehen; meine Schwester Lotte ist sehr übel, lange kann sie nicht mehr leben, und die wenigen Tage kann ich ihr noch durch mein Hiersein Vergnügen machen. Nie habe ich jemand gesehen, der dem Tode so reif ist als sie; ihre Laufbahn ist auch ihren intellektuellen Kräften nach geendet; denn ihre Seele ist so geartet, daß sie sich nie nach außen glücklich entwickeln wird, nie wird man ihren Blick aus ihrem Innern abziehen können, und dieses Innere hat geblüht und seine Früchte (nur in, und für sich) getragen. Jetzt kann in ihr nichts mehr wachsen als der Tod und die Vernichtung; glücklich, daß der physische Tod ihr zu Hilfe kommt. –
Wie findest Du folgende Definition? «Der Zorn ist eine unduldsame Liebe, nicht zu dem Gegenstand über den man zürnt, sondern zu dessen Gegensatz.»
Ich hätte Dir noch mancherlei zu sagen, aber ich kann nicht, ein andermal, wenn ich alsdenn noch daran denke oder es mir noch interessant dünkt.

Karoline

Karoline an Gunda

Hanau, d. 19ten August 1801

Es war mir gestern so traurig, hätte ich Dir geschrieben, Gunda, es hätte einige Seiten voll lauter Jammerns gegeben. Ich fühlte mich so beschränkt im Äußern, so verstimmt im Innern. Ich habe so gar keine Zeit für mich, kann nicht sagen jetzt will ich das tun, dann das; ich muß alle meine Augenblicke erlauschen sie erwuchern; und wenn sie dann da sind so habe ich keinen Genuß von ihnen; es freut mich nichts, es schmerzt mich nichts bestimmt, ich bin in dem elendsten Zustand, dem des Nichtfühlens, des dumpfen kalten Dahinschleppens. In diesem Zustand hasse ich mich selbst. Es gehört zu dem Leben meiner Seele, daß mich irgendeine Idee begeistre; es ist auch oft der Fall; doch muß es immer etwas Neues sein, denn ich trinke so unmäßig an dem Nektarbecher bis ich ihn in mich geschlürft habe; und wenn er denn leer ist, das ist unerträglich.

Meine Schwester liest mir zuweilen einzelne Stellen aus Godwi vor, und so gefällt es mir besser als zuvor. Es ist wunderbar, daß alle geistigen Genüsse fast durch Mitteilung vermehrt werden; da bei Materiellen doch das Gegenteil stattfindet. Geben und reicher werden durch geben! es ist höchst wunderbar, ja ich meine, es enthält eine Widerlegung gegen den Materialismus.

d. 22.

Ich verließ Dich den Mittwoch mit sonderbaren Empfindungen. Duldung, Schonung, Unterstützung muß man sich von Gunden nicht erwarten, dacht ich; und es ist wahr; wer sein Glück Dir anvertraut, der traut der wechselnden See; Du bist nur ein Schauspiel; man muß Gefallen an Dir finden, mehr sollte man nicht; denn Du bist wahrlich ein schönes mannigfaches Spiel zum Schauen geeignet, wer Dich anders nimmt, versteht Dich nicht, wer Dich anders will, schadet dem Vergnügen, das er in Deiner Anschauung genießen könnte. Es ist gewiß so, ich werde mich Dir gegenüber auch immer mehr ans Betrachten gewöhnen.

d. 23.

Ich habe heute gar keinen Schreibgeist, liebe Gunda, ich bitte Dich nur noch mir zu schreiben.

Karoline

Meine Schwestern grüßen Dich, und ich Klötchen

Karoline an Gunda

Hanau, d. 29. August 1801

Gestern abend habe ich Deinen Brief bekommen. – Aber verzeihe! ich kann mein Urteil über Dich nicht zurücknehmen; denn ich fand Dich nicht allein so, am Wilhelmsbad, nein! Du bist mir immer so erschienen, nur damals bestimmter und deutlicher. Freilich sollte ich die Zeilen, die Du mir geschrieben hast, mit in Anschlag bringen. Wenn ich Dich beurteilen sollte, ich würde in großer Verlegenheit sein; denn ein ganz andrer Geist als Gunden wehet darin, ich würde gar nicht glauben, daß sie von Dir seien, wenn ich nicht wüßte, daß Du krank seist, dadurch vielleicht Deine Kräfte etwas weniger brausend, sondern mehr weich und abgespannt wären.

Es ist ein häßlicher Fehler von mir, daß ich so leicht in einen Zustand des Nichtempfindens verfallen kann, und ich freue mich über jede Sache, die mich aus demselben reißt. Gestern las ich Ossians Darthula, und es wirkte so angenehm auf mich; der alte Wunsch einen Heldentod zu sterben ergriff mich mit großer Heftigkeit; unleidlich war es mir noch zu leben, unleidlicher ruhig und gemein zu sterben. Schon oft hatte ich den unweiblichen Wunsch, mich in ein wildes Schlachtgetümmel zu werfen, zu sterben. Warum ward ich kein Mann! ich habe keinen Sinn für weibliche Tugenden, für Weiberglückseligkeit. Nur das Wilde Große, Glänzende gefällt mir. Es ist ein unseliges, aber unverbesserliches Mißverhältnis in meiner Seele; und es wird und muß so bleiben, denn ich bin ein Weib und habe Begierden wie ein Mann, ohne Männerkraft. Darum bin ich so wechselnd und so uneins mit mir.

Traum

Ich hatte zwei Schwestern, die älteste liebte mich vorzüglich, weil sie mit mir eine große Ähnlichkeit der Gesinnung hatte; ich war seit mehreren Wochen von ihr entfernt und dachte oft mit Sehnsucht und Liebe an sie, da träumte mir einst, diese beiden Schwestern seien gestorben. Ich war sehr traurig darüber. Da erschienen mir ihre Geister in dem Hofe eines alten Hauses, in dem wir einen großen Teil unserer Jugend verlebt hatten. Sie traten beide aus einer dunklen Kammer, vor der ich immer einen gewissen Schauer gehabt hatte. Es war Nacht, eine feuchte Herbst-Luft wehte, und reichlicher Regen fiel herab. Meine ältere Schwester nahte mir und sprach: Eine ewige kalte Notwendigkeit regiert die Welt, kein freundlich liebend Wesen. Ich erwachte. Es träumte mir noch mehrmals, sie sei gestorben, obgleich sie sehr gesund war. Nach zwei Jahren erfüllte sich der Traum, beide starben kurz nacheinander.

Bettine von Arnim
(1785–1859)

Ihre Kindheit verbrachte Bettine Brentano, die als kleines Mädchen beide Eltern verlor, im Ursulinenkloster in Fritzlar. Später übernahm die Großmutter, die Schriftstellerin Sophie La Roche, ihre Erziehung. Durch sie lernte Bettine Goethes Mutter und später Goethe selbst kennen. Eine enge Jugendfreundschaft verband sie mit der Dichterin Karoline von Günderode.

Nach dem Tod ihres Mannes – sie war mit dem Dichter Achim von Arnim verheiratet – begann Bettine von Arnim, eigene Dichtung zu veröffentlichen, u.a. die Briefromane «Goethes Briefwechsel mit einem Kind» und «Die Günderode». In den folgenden Texten erinnert sie sich an ihre Kindheit im Kloster.

Bettine von Arnim

Ich habe keinen andern Freund gehabt als mich selber

Komm! Laß uns noch einmal die hängenden Gärten, in denen meine Kindheit einheimisch war, durchlaufen; laß Dich durch die langen Laubgänge geleiten zu dem Glockenturm, wo ich mit leichter Mühe das Seil in Schwung brachte, um zu Tisch oder zum Gebet zu rufen; und abends um sieben Uhr läutete ich dreimal das *Angelus,* um die Schutzengel zur Nachtwache bei den Schlafenden zu rufen. O damals schnitt mir das Abendrot ins Herz, und das schweifende Gold, in das sich die Wolken senkten; o ich weiß es noch wie heute, daß es mir weh tat, wenn ich so einsam durch das schlafende Blumenfeld ging, und weiter, weiter Himmel um mich, der in beschwingter Eile seine Wolken zusammentrieb, wie eine Herde, die er weiterführen wollte, der rotes, blaues und gelbes Gewand entfaltete, und dann wieder andre Farben, bis die Schatten ihn übermannten. Da stand ich und sah die verspäteten Vögel mit rascher Eile nach ihrem Nest fliegen; und dachte, wenn doch einer in meine Hand flög, und ich fühlte sein klein Herzchen pochen, ich wollte zufrieden sein; ja, ich glaubte, ein Vögelchen nur, das mir zahm wär, könnte mich glücklich machen. Aber es flog kein Vogel in meine Hand, ein jeder hatte schon anders gewählt, und ich war nicht verstanden mit meiner Sehnsucht. Ich glaubte doch damals, die ganze Natur bestehe bloß aus dem Begriff aufgeregter Gefühle, *davon* komme das Blühen aller Blumen, und *dadurch* schmelze sich das Licht in alle Farben. Und *darum* hauche der Abendwind so leise Schauer übers Herz, und *deswegen* spiegle sich der Himmel, umgrenzt vom Ufer, in den Wellen. Ich sah das Leben der Natur und glaubte, ein Geist, der der Wehmut, die meine Brust erfüllte, entsprach, sei dies Leben selbst; es seien *seine* Regungen, *seine* Gedanken, die dies Tag- und Nachtwandeln der Natur bilde; ja und ich junges Kind fühlte, daß ich einschmelzen müsse in diesen Geist, und daß es allein Seligkeit sei, in ihm aufzugehen; ich rang, ohne zu wissen, was Tod sei, *dahin,* aufgelöst zu sein; ich war unersättlich, die Nachtluft mit vollen Zügen einzuatmen, ich streckte die Hände in die Luft, und das flatternde Gewand, die fliegenden Haare bewiesen mir die Gegenwart des liebenden Naturgeistes; – ich ließ mich küssen von der Sonne mit verschlossenen Augen, und dann öffnete ich sie, und mein Blick hielt es aus; ich dachte: läßt du dich küssen von ihr, und solltest nicht vertragen können, sie anzusehen?

Von dem Kirchgarten führte eine hohe Treppe, über die das Wasser schäumend hinabstürzte, zum zweiten Garten, der rund war, mit regelmäßigen Blumenstücken ein großes Bassin umgab, in dem das Wasser sprang; hohe Pyramiden von Taxus umgaben das Bassin, sie waren mit purpurroten Beeren übersäet, deren jede ein kristallhelles Harztröpfchen ausschwitzte; ich weiß noch alles, und dies besonders war meine Lieblingsfreude, die ersten Strahlen der Morgensonne in diesen Harzdiamanten sich spiegeln zu sehen.

Das Wasser lief aus dem Bassin unter der Erde bis zum Ende des runden Gartens und stürzte von da wieder eine hohe Treppe hinab in den dritten Garten, der den runden Garten ganz umzog und gerade so tief lag, daß die Wipfel seiner Bäume wie ein Meer den runden Garten umwogten. Es war so schön, wenn sie blühten, oder auch wenn die Äpfel und die Kirschen reiften und die vollen Äste herüberstreckten. Oft lag ich unter den Bäumen in der heißen Mittagssonne, und in der lautlosen Natur, wo sich kein Hälmchen regte, fiel die reife Frucht neben mir nieder ins hohe Gras; ich dachte: «Dich wird auch keiner finden!» Da streckte ich die Hand aus nach dem goldnen Apfel und berührte ihn mit meinen Lippen, damit er doch nicht gar umsonst gewesen sein solle.

Ein Nönnchen wurde eingekleidet, eine andre haben wir begraben während den drei Jahren, als ich im Kloster war; dem einen hab ich den Zypressenkranz auf den Sarg gelegt, sie war die Gärtnerin und hatte lange Jahre den Rosmarin gepflegt, den man ihr aufs Grab pflanzte; sie war achtzig Jahre alt, und der Tod berührte sie sanft, während sie Absenker von ihren Lieblingsnelken machte, da hockte sie am Boden und hielt die Pflanzen in der Hand, die sie eben einsetzen wollte; ich war der Vollstrecker ihres Testaments, denn ich nahm die Pflanzen aus der erstarrten Hand und setzte sie in die frisch aufgewühlte Erde, ich begoß sie mit dem letzten Krüglein Wasser, was sie am Madlenenbrünnchen geholt hatte, die gute Schwester *Monika!* Wie schön wuchsen die Nelken! Dunkelrot waren sie und groß. – Da mich später *der, der mich liebt und kennt,* einer dunklen Nelke verglich, da dachte ich an die Blumen, die ich junges Kind aus der erstorbenen Hand des hohen Alters entnommen und eingepflanzt hatte, und ob es wohl so kommen werde, daß auch mich der Tod beim Pflanzen der Blumen überrasche; der Tod, der triumphierende Herold des Lebens, der Befreier von irdischer Schwere.

Aber jene andre Nonne, jung und schön, deren lange goldne Flechten ich auf goldnem Opferteller zum Altar trug: – ich hab nicht geweint, da man die alte Gärtnerin zu Grabe trug, obschon sie meine Freundin gewesen war und mir manche Gartenkunst gelehrt hatte. Es kam mir so natürlich vor und so behaglich, daß ich nicht einmal darüber verwundert war; aber damals, als ich im Chorhemdchen mit einem Kranz von Rosen auf dem Kopf, mit brennender Kerze als Geleitengel, unter dem Geläute aller Glocken vor der in alle üppige Pracht gekleideten jugendlichen Braut Christi einherschritt; da wir an das Gitter kamen, vor welchem der Bischof stand, der ihr die Gelübde abnahm, und er fragte, ob sie sich Christo vermählen wolle, und man ihr auf ihr Bejahen die mit Perlen und Bändern durchflochtenen Haare abschnitt, welche ich auf einem goldenen Teller empfing, da fielen meine Tränen auf diese Haare, und da ich hin zum Altar trat, um sie dem Bischof zu überreichen, da schluchzte ich laut, und alles Volk weinte mit.

Die junge Braut legte sich an die Erde, es wurde ein Leichentuch über sie gebreitet, die Nonnen wallten von allen Seiten herbei, je zu zweien Blumenkörbe tragend. Ich streute die Blumen auf das Leichentuch, während ein Requiem gesungen wurde. Sie wurde als Tote eingesegnet und Gebete über sie gesprochen; das irdische Leben war beendet, ich hob als Auferstehungsengel die Totendecke auf; das himmlische Leben

beginnt, die Nonnen umringen sie, in ihrer Mitte wird sie vom weltlichen Staat entkleidet, Ordenskleid, Mantel und Schleier werden ihr angelegt, worauf sie in die Hände des Bischofs die Gelübde des Gehorsams, der Keuschheit und der Armut ablegt. Ach, wie war ich beklommen, da der Bischof ihr das Kruzifix reichte, um es als ihren Bräutigam zu küssen. Ich wich nicht von ihrer Seite; am Abend, da die Nonne allein in ihrer Zelle saß, kniete ich noch vor ihr, mit meinem verwelkten Rosenkranz auf dem Kopf; sie war eine Französin, eine Gräfin *d'Antelot. «Mon enfant»,* fragte sie, *«mon cher ange gardien, pourquoi as-tu pleuré ce matin lorsqu'on m'a coupé les cheveux?»* Ich schwieg eine Weile still, aber dann fragte ich leise: *«Madame, est-ce que Jésus Christ a aussi une barbe noire?»* [«Mein Kind, mein lieber Schutzengel, warum hast du heute morgen geweint, als man mir die Haare abschnitt?»
«Madame, hat Jesus Christus auch einen schwarzen Bart?»]
Diese schöne Frau war mit vielen andern hohen Damen und Rittern, die Ordensbänder und Sterne hatten und aus Frankreich vertrieben waren, in unser Kloster gekommen; diese zogen alle weiter, sie allein blieb zurück, sie wandelte viel im Garten, sie hatte einen blitzenden Ring am Finger, den sie küßte, wenn sie in der dunklen Allee allein war. Da las sie ihre Briefe mit leiser Stimme, und mit einem feinen weißen Tuch trocknete sie die weinenden Augen. Ich belauschte sie, ich liebte sie und weinte heimlich mit. Einmal trat ein schöner Mann in glänzender Uniform mit ihr in den Garten. Sie sprachen zärtlich miteinander. Der Mann hatte einen schwarzen Bart, er war größer als sie, er hielt sie in seinen Armen und sah auf sie herab, und seine glänzenden Tränen blieben in seinem schwarzen Bart hängen; das sah ich, denn ich saß in der dunklen Laube, an deren Eingang sie standen. Er seufzte tief und laut, er drückte sie ans Herz, und sie küßte die glänzenden Tränen im schwarzen Bart auf.
Noch oft wandelte die schöne Frau in diesen einsamen Alleen, noch oft sah ich sie, weinend unter dem Baum, wo er Abschied genommen hatte, und endlich nahm sie den Schleier.

So wollen wir dann das Kloster verlassen, in dem kein Spiegel war, und in dem ich also während vier Jahren vergeblich die

Bekanntschaft meiner Gesichtszüge, meiner Gestalt gesucht haben würde, doch ist es mir in dieser ganzen Zeit nie eingefallen daran zu denken, wie ich wohl aussähe; es war mir eine große Überraschung, wie ich im dreizehnten Jahre zum erstenmal mit zwei Schwestern, umarmt von der Großmutter, die ganze Gruppe im Spiegel erblickte. Ich erkannte alle, aber die eine nicht, mit feurigen Augen, glühenden Wangen, mit schwarzem, fein gekräuseltem Haar; ich kenne sie nicht, aber mein Herz schlägt ihr entgegen, ein solches Gesicht hab ich schon im Traum geliebt, in diesem Blick liegt etwas, was mich zu Tränen bewegt, diesem Wesen muß ich nachgehen, ich muß ihr Treue und Glauben zusagen; wenn sie weint, will ich still trauern, wenn sie freudig ist, will ich ihr still dienen, ich winke ihr, – siehe, sie erhebt sich und kommt mir entgegen, wir lächeln uns an, und ich kann's nicht länger bezweifeln, daß ich mein Bild im Spiegel erblicke.
Ach ja, diese Prophezeiung ist mir wahr geworden, ich habe keinen andern Freund gehabt als mich selber, ich habe nicht um mich, aber oft mit mir geweint; ich habe gescherzt mit mir, und das war noch rührender, daß am Scherz auch kein andrer teilnahm, hätte mir damals einer gesagt, es sucht jeder in der Liebe nur sich, und es ist das höchste Glück *sich* in ihr finden, ich hätt es nicht verstanden, doch ist in diesem kleinen Ereignis eine hohe Wahrheit verborgen, die gewiß nur wenige fassen: finde dich, sei dir selber treu, lerne dich verstehen, folge deiner Stimme, nur so kannst du das Höchste erreichen. Du kannst nur *dir* treu sein in der Liebe, was du schön findest, das mußt zu lieben, oder du bist dir untreu.
Schönheit erzeugt Begeisterung, aber Begeisterung für Schönheit ist die höchste Schönheit selbst. Sie spricht das erhöhte, verklärte Ideal des Geliebten durch sich selbst aus.
Gewiß, die Liebe erzieht eine höhere Welt aus der Sinnenwelt; der Geist wird durch die Sinne genährt, gepflegt und getragen, er wächst und steigt durch sie zur Selbstbegeisterung, zum Genie, denn Genie ist das überirdische selige Leben einer durch die sinnliche Natur erzeugten himmlischen Begeisterung.
Du erscheinst mir wie dies himmlische Erzeugnis meiner Sinnenwelt, wenn ich so vor Dir stehe und Dir ausspreche, wie

ich Dich liebe, und doch, wenn ich so vor Dir stehe, dann fühl ich wie Deine sinnliche Erscheinung mich verklärt und zur himmlischen Natur in mir wird.

Jetzt bin ich dreizehn Jahre alt, jetzt rückt die Zeit an, die aus dem Schlaf weckt, die jungen Keime haben Trieb und rücken aus ihrer braunen Hülle hervor ans Licht, und die Liebe des Kindes neigt sich den aufkeimenden Geschlechtern der Blumen; sein Herz glüht verschämt und innig ihren vielfarbigen duftenden Reizen entgegen und ahnet nicht, daß währenddem eine Keimwelt von tausendfältigen Geschlechtern der Sinne und des Geistes sich aus der Brust hervor, dem Leben, dem Licht entgegendrängt. – Siehst Du wohl hier bestätigt, was ich sage: die Liebe zu der aufkeimenden Blütenwelt der sinnlichen Natur erregt die schlafenden Keime einer geistigen Blütenwelt; indem wir die sinnliche Schönheit gewahr werden, erzeugt sich in uns ein geistig Ebenbild, eine himmlische Verklärung dessen, was wir sinnlich lieben. – So war meine erste Liebe, im Garten: in der Geißblattlaube war ich jeden Morgen mit der Sonne und drängte mich dem Aufbrechen ihrer rötlichen Knospen entgegen, und wie ich in die erschloßnen Kelche blickte, da liebte ich und betete die Sinnenwelt in den Blüten an, und ich mischte meine Tränen mit dem Honig in ihren Kelchen. Ja, glaub's, es war mir ein besonderer Reiz, die Träne, die unwillkürlich mir ins Auge gedrungen, da hinein zu betten, so wechselte die Lust mit der Wehmut. Die jungen Feigenblätter, wie sie zuerst so rein und dicht gefaltet aus dem Keim hervorsteigen und vor der Sonne sich ausbreiten: Ach Gott! Du! warum schmerzt die Schönheit der Natur? nicht wahr, weil die Liebe sich untüchtig fühlt, sie ganz zu umfassen, so ist die glücklichste Liebe von Wehmut durchdrungen, weil sie ihrer eignen Sehnsucht kein Genüge tun kann, so macht mich Deine Schönheit wehmütig, weil ich Dich nicht genug lieben kann. – O verlasse mich nicht, sei mir nur so weit willig gesinnt, wie der Tau den Blumen gesinnt ist; morgens weckt er sie und nährt sie, und abends reinigt er sie vom Staub und kühlt sie von der Hitze des Tages. So mache Du es auch, wecke und nähre meine Begeisterung in der Frühe, kühle meine Glut und reinige mich von Sünden am Abend.

Annette von Droste-Hülshoff (1797–1848)

In der konservativen Welt des westfälischen Landadels, in der Annette von Droste-Hülshoff aufwuchs, fand sie kein Verständnis für ihr «wunderliches Wesen». Schon als Kind begann sie zu schreiben. Lange verheimlichte sie ihre Pläne vor den Verwandten. Erst 1838 – als über Vierzigjährige – gab sie ihren ersten Gedichtband heraus. Nach dem Tod ihres Vaters lebte sie zusammen mit ihrer Mutter auf dem Witwensitz Rüschhaus; später zog sie zu ihrer verheirateten Schwester auf die Meersburg am Bodensee.

Obwohl Annette von Droste-Hülshoff 1844 mit einer zweiten Gedichtsammlung und der Novelle «Die Judenbuche» literarische Anerkennung fand, konnte sie sich Zeit ihres Lebens nicht aus der Bevormundung ihrer Familie befreien. Wie sehr sie unter ihrem «Anderssein» litt, zeigt ein Brief, den die junge Droste an ihren väterlichen Freund, Professor Anton Sprickmann, schrieb. Der zweite hier veröffentlichte Brief ist an ihre Mutter gerichtet. Er entstand, als Annette von Droste-Hülshoff zum ersten Mal, mit achtundzwanzig Jahren, eine Reise unternehmen durfte. Die beiden Gedichte sind Erinnerungen der erwachsenen Droste an ihre Kindheit. «Das erste Gedicht» beruht auf einer wahren Begebenheit: die siebenjährige Annette versteckte ihre selbstgeschriebenen Gedichte auf dem Dachboden. «Das vierzehnjährige Herz» schildert Annettes Verhältnis zu ihrem Vater.

Annette von Droste-Hülshoff
Mein wunderliches, verrücktes Unglück...

An Sprickmann

Hülshoff, 8. 2. 1819.

O mein Sprickmann, ich weiß nicht, wo ich anfangen soll, um Ihnen nicht lächerlich zu erscheinen, denn lächerlich ist das, was ich Ihnen sagen will, wirklich. Darüber kann ich mich selber nicht täuschen, ich muß mich in einer dummen und seltsamen Schwäche vor Ihnen anklagen, die mir wirklich manche Stunde verbittert; aber lachen Sie nicht, ich bitte Sie; nein, nein, Sprickmann, es ist wirklich kein Spaß. Sie wissen, daß ich eigentlich keine Törin bin; ich habe mein wunderliches, verrücktes Unglück nicht aus Büchern und Romanen geholt, wie ein jeder glauben würde. Aber niemand weiß es, Sie wissen es ganz allein, und es ist durch keine äußeren Umstände in mich hineingebracht, es hat immer in mir gelegen. Wie ich noch ganz klein war (ich war gewiß erst vier oder fünf Jahr, denn ich hatte einen Traum, worin ich sieben Jahr zu sein meinte und mir wie eine große Person vorkam), da kam es mir vor, als ging ich mit meinen Eltern, Geschwistern und zwei Bekannten spazieren, in einem Garten, der gar nicht schön war, sondern nur ein Gemüsegarten mit einer geraden Allee mittendurch, in der wir immer hinauf gingen. Nachher wurde es wie ein Wald, aber die Allee mittendurch blieb, und wir gingen immer voran. Das war der ganze Traum, und doch war ich den ganzen folgenden Tag hindurch traurig und weinte, daß ich nicht in der Allee war und auch nie hineinkommen konnte.

Ebenso erinnerte ich mich, daß, wie eine Mutter uns eines Tages viel von ihrem Geburtsorte und den Bergen und den uns damals noch unbekannten Großeltern erzählte, ich eine solche Sehnsucht danach fühlte, daß, wie sie einige Tage nachher zufällig bei Tische ihre Eltern nannte, ich in ein heftiges

Schluchzen ausbrach, so daß ich mußte fortgebracht werden; dies war auch vor meinem siebenten Jahre, denn als ich sieben Jahre alt war, lernte ich meine Großeltern kennen.

Ich schreibe Ihnen diese unbedeutenden Dinge nur, um Sie zu überzeugen, daß dieser unglückselige Hang zu allen Orten, wo ich nicht bin, und allen Dingen, die ich nicht habe, durchaus in mir selbst liegt und durch keine äußern Dinge hereingebracht ist; auf diese Weise werde ich Ihnen nicht ganz so lächerlich scheinen, mein lieber nachsichtsvoller Freund. Ich denke, eine Narrheit, die uns der liebe Gott aufgelegt hat, ist doch immer nicht so schlimm, wie eine, die wir uns selbst zugezogen haben. Seit einigen Jahren hat dieser Zustand aber zugenommen, daß ich es wirklich für eine große Plage rechnen kann. Ein einziges Wort ist hinreichend, mich den ganzen Tag zu verstimmen, und leider hat meine Phantasie so viel Steckenpferde, daß eigentlich kein Tag hingeht, ohne daß eins von ihnen auf eine schmerzlich süße Weise aufgeregt würde. Ach, mein lieber, lieber Vater, das Herz wird mir so leicht, wie ich an Sie schreibe und denke; haben Sie Geduld und lassen Sie mich mein törichtes Herz ganz vor Ihnen aufdecken, eher wird mir nicht wohl. Entfernte Länder, große interessante Menschen, von denen ich habe reden hören, entfernte Kunstwerke und dergleichen mehr haben alle diese traurige Gewalt über mich. Ich bin keinen Augenblick mit meinen Gedanken zu Hause, wo es mir doch so wohlgeht; und selbst, wenn tagelang das Gespräch auf keinen von diesen Gegenständen fällt, seh' ich sie in jedem Augenblick, wo ich nicht gezwungen bin, meine Aufmerksamkeit angestrengt auf etwas anderes zu richten, vor mir vorüberziehen und oft mit so lebhaften an Wirklichkeit grenzenden Farben und Gestalten, daß mir für meinen armen Verstand bange wird. Ein Zeitungsartikel, ein noch so schlecht geschriebenes Buch, was von diesen Dingen handelt, ist imstande, mir die Tränen in die Augen zu treiben; und weiß gar jemand etwas aus der Erfahrung zu erzählen, hat er diese Länder bereist, diese Kunstwerke gesehen, diese Menschen gekannt, an denen mein Verlangen hängt, und weiß er gar auf eine angenehme und begeisterte Art davon zu reden, o mein Freund, dann ist meine Ruhe und mein Gleichgewicht immer auf längere Zeit zerstört, ich kann dann mehrere Wochen an gar nichts andres denken, und wenn ich allein bin, besonders des Nachts, wo ich immer einige Stunden wach bin, so kann ich weinen wie ein Kind und dabei glühen und rasen, wie es kaum für einen unglücklich Liebenden passen würde. Meine Lieblingsgegenden sind Spanien, Italien, China, Amerika, Afrika, dahingegen die Schweiz und Otaheite, diese Paradiese, auf mich wenig Eindruck machen. Warum? das weiß ich nicht; ich habe doch davon viel gelesen und viel erzählen hören, aber sie wohnen nun mal nicht so lebendig in mir. Wenn ich Ihnen nun sage, daß ich mich oft sogar nach Schauspielen sehne, die ich habe aufführen sehen, und oft nach eben denjenigen, wobei ich mich am meisten gelangweilt habe, nach Büchern, die ich früherhin gelesen und die mir oft gar nicht gefallen haben ... habe ich z. B. in meinem vierzehnten Jahre einen schlechten Roman gelesen, den Titel weiß ich nicht mehr, aber es kam von einem Turme darin vor, worüber ein Strom stürzt, und vorn am Titelblatt war besagter abenteuerlicher Turm in Kupfer gestochen; das Buch hatte ich längst vergessen, aber seit längerer Zeit arbeitet es sich aus meinem Gedächtnisse hervor, und nicht die Geschichte, noch etwa die Zeit, in der ich es las, sondern wirklich und ernsthaft das schäbige, verzeichnete Kupfer, worauf nichts zu sehen ist wie der Turm, wird mir zu einem wunderlichen Zauberbilde, und ich sehne mich oft recht lebhaft danach, es einmal wieder zu sehen: wenn das nicht Tollheit ist, so gibt's doch keine, da ich zudem das Reisen gar nicht vertragen kann, da ich mich, wenn ich einmal eine Woche von Hause bin, ebenso ungestüm dahin zurücksehne, und da auch wirklich dort alles meinen Wünschen zuvorkommt. Sagen Sie! was soll ich von mir selbst denken? und was soll ich anfangen, um meinen Unsinn los zu werden? Mein Sprickmann, ich fürchtete meine eigene Weichheit, wie ich anfing, Ihnen meine Schwäche zu zeigen, und statt dessen bin ich über dem Schreiben ganz mutig geworden; mich dünkt, heute wollte ich meinen Feind wohl bestehen, wenn er auch einen Anfall wagen sollte.

An die Mutter

Köln, September 1825.

Nun ich das Notwendigste geschrieben habe, will ich Dir, liebste Mama, doch noch allerhand Allotria mitteilen. So bin ich gestern recht im *Papstmonat* hier angekommen, da das neue Dampfschiff «Friedrich Wilhelm», das größte und schönste Schiff, wie man sagt, was noch den Rhein befahren hat, vom Stapel gelassen, probiert und getauft wurde. – Das erstere sah ich nicht, denn es war schon auf dem Wasser, als wir uns durch die Volksmenge gearbeitet hatten; dann aber sahen wir es ganz nahe, *wir standen auf der Schiffsbrücke,* mehrere Male eine Strecke des Rheins herauf und herunter mit türkischer Musik und beständigem Kanonenfeuer durch die Schiffsbrücke segeln mit einer Schnelligkeit, die einen schwindeln machte. Endlich legte es an der Schiffsbrücke an, und das sämtliche diplomatische Korps, was die Probe mitgemacht hatte, begab sich ans Land. Ein *so großes Dampfschiff* ist etwas höchst Imposantes, man kann wohl sagen Fürchterliches. Es wird, wie Du wohl weißt, durch Räder fortbewegt, die, verbunden mit dem Geräusch des Schnellsegelns, ein solches Gezisch verursachen, daß es auf dem Schiffe schwer halten muß, sich zu verstehen. Doch dieses ist nicht das eigentlich Ängstliche. Aber im Schiffe steht eine hohe dicke Säule, aus der unaufhörlich der Dampf hinausströmt in einer grauen Rauchsäule mit ungeheurer Gewalt und dem Geräusch, wie das der Flamme bei einem brennenden Hause. Wenn das Schiff stille steht, oder wenn der Dampf so stark wird, daß er die Sicherheitsventile öffnet, so fängt das Ding dermaßen an zu brausen und zu heulen, daß man meint, es wollte sogleich in die Luft fliegen. Kurz das Ganze gleicht einer Höllenmaschine, doch soll gar keine Gefahr dabei sein, und ich möchte diese schöne Gelegenheit wohl benutzen, um nach Koblenz zu kommen, was in *fünf Stunden* möglich sein soll.

Das erste Gedicht

Auf meiner Heimat Grunde,
Da steht ein Zinnenbau,
Schaut finster in die Runde
Aus Wimpern schwer und grau;
An seiner Fenster Gittern
Wimmert des Kauzes Schrei,
Und drüber siehst du wittern
Den sonnentrunknen Weih.

Ein Wächter fest wie Klippen,
Von keinem Sturm bewegt,
Der in den harten Rippen
Gar manche Kugel trägt;
Ein Mahner auch, ein strenger,
Des Giebel grün und feucht
Mit spitzem Hut und Fänger
Des Hauses Geist besteigt.

Und sieht ihn das Gesinde
Am Fahnenschafte stehn,
Sich wirbelnd vor dem Winde
Mit leisem Schreie drehn,
Dann pocht im Schloßgemäuer
Gewiß die Totenuhr,
Oder ein tückisch Feuer
Frißt glimmend unterm Flur.

Wie hab' ich ihn umstrichen
Als Kind oft stundenlang,
Bin heimlich dann geschlichen
Den schwer verpönten Gang
Hinauf die Wendelstiege,
Die unterm Tritte bog,
Bis zu des Sturmes Wiege,
Zum Hahnenbalken hoch.

Und saß ich auf dem Balken
Im Dämmerstrahle falb,
Mich fühlend halb als Falken,
Als Mauereule halb,
Dann hab' ich aus dem Brodem
Den Geist zitiert mit Mut,
Ich, Hauch von seinem Odem
Und Blut von seinem Blut.

Doch als nun immer tiefer
Die Schlangenstiege sank,
Als schiefer stets und schiefer
Dräute die Stufenbank,
Da klomm' ich sonder Harren
Hinan den Zinnenring,
Und in des Daches Sparren
Barg ich ein heimlich Ding.

Das sollten Enkel finden,
Wenn einst der Turm zerbrach;
Es sollte etwas künden,
Das mir am Herzen lag.
Nun sinn' ich oft vergebens,
Was mich so tief bewegt,
Was mit Gefahr des Lebens
Ich in den Spalt gelegt?

Mir sagt ein Ahnen leise,
Es sei, gepflegt und glatt,
Von meinem Lorbeerreise
Das arme erste Blatt.
Auch daß es just gewittert,
Mir wie im Traume scheint,
Und daß ich sehr gezittert
Und bitterlich geweint.

Zerfallen am Gewände
Ist längst der Stiege Rund,
Kaum liegt noch vom Gelände
Ein morsches Brett am Grund;
Und wenn die Balken knarren,
Im Sturm die Fahne kreist,
Dann gleitet an den Sparren
Nicht mehr des Ahnen Geist.

Er mag nicht ferner hausen,
Wo aller Glaube schwand;
Ich aber stehe draußen
Und schau' hinauf die Wand,
Späh' durch der Sonne Lodern,
In welcher Ritze wohl
Es einsam mag vermodern,
Mein schüchtern arm Idol.

Nie sorgt' ein Falke schlechter
Für seine erste Brut!
Doch du, mein grauer Wächter,
Nimm es in deine Hut;
Und ist des Daches Schiene
Hinfürder nicht zu traun,
So laß die fromme Biene
Dran ihre Zelle baun!

Das vierzehnjährige Herz

Er ist so schön! – sein lichtes Haar,
Das möcht' ich mit keinem vertauschen,
Wie seidene Fäden so weich und klar,
Wenn zarte Löckchen sich bauschen;
Oft streichl' ich es, dann lacht er traun,
Nennt mich «seine alberne Barbe»;
Es ist nicht schwarz, nicht blond, nicht braun,
Nun ratet, wie nennt sich die Farbe?

Und seine Gebärde ist königlich,
Geht majestätisch zu Herzen,
Zuckt er die Braue, dann fürcht' ich mich
Und möchte auch weinen vor Schmerzen;
Und wieder seh' ich sein Lächeln blühn,
So klar wie das reine Gewissen,
Da möchte ich gleich auf den Schemel knien
Und die guten Hände ihm küssen.

Heut bin ich in aller Frühe erwacht,
Beim ersten Glitzern der Sonnen,
Und habe mich gleich auf die Sohlen gemacht
Zum Hügel drüben am Bronnen;
Erdbeeren fand ich, glüh wie Rubin,
Schau, wie im Korbe sie lachen!
Die stell' ich ihm nun an das Lager hin,
Da sieht er sie gleich beim Erwachen.

Ich weiß, er denkt mit dem ersten Blick:
«Das tat meine alberne Barbe!»
Und freundlich streicht er das Haar zurück
Von seiner rühmlichen Narbe,
Ruft mich bei Namen und zieht mich nah,
Daß Tränen die Augen mir trüben;
Ach, er ist mein herrlicher Vater ja,
Soll ich ihn denn nicht lieben, nicht lieben!

George Sand
(1804–1876)

Die junge Aurore Dupin – später, als Schriftstellerin, nannte sie sich George Sand – wurde in einem Kloster der Englischen Augustinerinnen in Paris erzogen. Von ihrer Großmutter erbte die Siebzehnjährige das Landgut Nohant, auf das sie immer wieder nach ihren vielen Reisen und Aufenthalten in Paris zurückkehrte. Nach einer kurzen, unglücklichen Ehe machte sie sich als Schriftstellerin selbständig und veröffentlichte Romane und Bühnenstücke. Die Frauengestalten in ihren ersten Romanen erstrebten die Befreiung aus den Fesseln einer bürgerlichen Ehe. George Sand selbst ließ sich ebenfalls nicht von Konventionen einengen. Um sich überall frei bewegen zu können, trug sie Männerkleidung. Sie reiste in Gegenden, die damals noch unerforscht waren, lebte in «freier Liebe» mit Prominenten ihrer Zeit (Musset, Chopin) und nahm 1848 an der Revolution in Paris teil.
Wie unerschrocken sie schon als junges Mädchen war und welch «bizarre» Erziehung sie genoß, schildert sie in der «Geschichte meines Lebens». Der folgende Ausschnitt beschreibt den Eintritt der Dreizehnjährigen in das Pariser Kloster.

George Sand
«Du bist also ein Teufel?» «Ich will es werden!»

Als ich ins Kloster kam, hatte ich keine besondere Vorliebe für irgendeine der Parteien und war mehr zur Folgsamkeit als zum Widerstreben geneigt. Ich habe schon gesagt, daß ich ohne Abneigung und ohne Kummer gekommen war, und es war mein fester Wille, mich der allgemeinen Disziplin zu unterwerfen; aber als ich nun sah, wie einfältig diese Disziplin in vieler Hinsicht war und wie boshaft sie von der D... gehandhabt wurde, setzte ich meine Mütze aufs Ohr und trat entschlossen in die Reihen der *Teufel* ein.

Den Namen *Teufel* trugen alle Mädchen, die nicht fromm waren und die es nicht sein *wollten;* die Frommen trugen den Namen der *Artigen,* und dazwischen gab es noch die Mittelsorte der *Dummen;* diese erklärten sich für keine der beiden Hauptparteien, sie lachten überlaut bei den Schelmenstreichen der *Teufel,* schlugen die Augen nieder und verhielten sich ruhig, sobald eine Lehrerin oder eine *Artige* erschien, und versäumten nie, wenn Gefahr drohte, die Versicherung zu geben: «Ich bin es nicht gewesen!»

Diesem «ich bin es nicht gewesen» der egoistischen Dummen pflegen die Feigsten noch hinzuzufügen: «Die Dupin ist es gewesen oder die G...»

Die Dupin war ich; die G... war die bedeutendste Figur der kleinen Klasse und die exzentrischste Persönlichkeit im ganzen Kloster.

Es war eine elfjährige Irin, aber viel größer und stärker als ich, trotz meiner dreizehn Jahre. Ihre volltönende Stimme, ihr freimütiges, kühnes Gesicht, ihr unabhängiger, unbezwinglicher Charakter hatten ihr den Beinamen «der Knabe» zugezogen, und obwohl sie später eine schöne Frau geworden ist, gehörte sie ihrer Gemütsart nach nicht zu unserem Geschlechte. Sie war der verkörperte Stolz, die Aufrichtigkeit selbst, ein vortreffliches Wesen, begabt mit männlicher Kraft, mit mehr als männlicher Kühnheit und mit seltenem Verstande. Dabei war sie voller Selbstverleugnung, ohne alle Koketterie, voll unermüdlicher Tätigkeit und voll tiefer Verachtung für alle Falschheiten und Niederträchtigkeiten der Gesellschaft.

Als ich ins Kloster kam, war Mary G . . . (der Knabe) wegen Unpäßlichkeit entlassen, und sie wurde mir auf das furchtbarste geschildert. Sie war der Schrecken der *Dummen,* und natürlich hatten sich diese gleich zuerst an mich gemacht. Die *Artigen* hatten mich zu erforschen gesucht, und da sie Marys Unruhe und Lebendigkeit fürchteten, hatten sie gesucht, mich gegen dieselbe einzunehmen, und ich muß gestehen, daß ich vor dem Bilde erschrak, das sie entwarfen. Einige Schlauköpfe behaupteten, Mary G. wäre ein Knabe, den seine Eltern in ein Mädchen zu verwandeln suchten. Man erzählte mir, daß sie alles zerbräche, daß sie jeden quälte, daß sie stärker wäre als der Gärtner und daß sie die Fleißigen an der Arbeit hinderte; sie war eine Geißel, eine Strafe Gottes und wehe jedem, der ihr die Spitze zu bieten wagte! «Wir wollen mal sehen», sagte ich, «auch ich bin stark, fürchte mich nicht und verlange, daß man mich auf meine Weise sprechen und denken läßt.» Indessen erwartete ich Mary mit einer Art Besorgnis; ich hätte nicht gern eine Feindin oder auch nur eine Antipathie unter meinen Gefährtinnen gehabt; es war genug mit der D . . . der allgemeinen Feindin.

Mary kam, und beim ersten Blick gefiel mir das offene Gesicht. Sie fing mit Neckereien an: «Mademoiselle heißt *du pain, some bread,* etwas Brot; sie heißt Aurore, *rising-sun,* aufgehende Sonne; welche schönen Namen! und wie schön sieht sie aus! Sie hat einen Pferdekopf auf einem Hühnerleibe. Aufgehende Sonne, ich werfe mich vor dir nieder und will gern die Sonnenblume sein, welche deine ersten Strahlen begrüßt! Es scheint auch, daß wir *les limbes* mit dem Olymp verwechseln – eine hübsche Bildung, meine Treue, die uns viel Vergnügen verspricht!»

Die ganze Klasse brach in Gelächter aus. Besonders die Dummen lachten, als wollten sie die Kinnbacken verrenken; die Artigen dagegen freuten sich, zwei *Teufel,* deren Vereinigung sie gefürchtet hatten, miteinander im Kampfe zu sehen. Ich lachte ebenso herzlich wie die andern, und Mary sah beim ersten Blick, daß ich keinen Verdruß empfand, weil ich nicht eitel war. Sie fuhr mit ihren Neckereien fort, wobei sie jedoch nicht boshaft wurde, und eine Stunde später gab sie mir einen Schlag auf die Schulter, der einen Ochsen zu töten imstande gewesen wäre. Ich zuckte nicht und erwiderte den Schlag mit lachendem Gesicht; sie rieb sich die Schulter und sagte: «So, das ist gut! komm, laß uns spazieren gehen.» – «Aber wo?» – «Überall, nur nicht in der Klasse!» – «Aber wie sollen wir das anfangen?» – «Das hält nicht schwer, paß auf, wie ich es mache und richte Dich danach.»

Man stand gerade auf, um die Plätze zu wechseln, und Mutter Alippe erschien mit Heften und Büchern. Mary benutzte die Unruhe, ging hinaus, ohne die geringsten Vorsichtsmaßregeln zu gebrauchen, wurde aber nicht beachtet und setzte sich in den öden Kreuzgang, in welchem ich mich einige Minuten später mit ebenso wenig Umständen einfand.

«Da bist du ja!» sagte sie; «was hast du erfunden, um fortgehen zu dürfen?»

«Gar nichts, ich habe es so gemacht wie du.»

«So, das ist gut!» erwiderte sie. «Einige machen lange Geschichten, sagen: sie wollten auf dem Klavier üben, oder schützen Nasenbluten vor, oder behaupten, daß sie in der Kirche für ihre Gesundheit beten wollten – aber das sind abgenutzte Vorwände und unnötige Lügen. Ich habe alle Lügen abgeschafft, denn das Lügen ist eine Feigheit. Ich gehe fort, komme wieder, man fragt, ich gebe keine Antwort, bekomme meine Strafe, lache darüber und tue alles, was ich will.»

«Das gefällt mir.»

«Du bist also ein *Teufel?»*

«Ich will es werden.»

«Ebenso wie ich?»

«Weder mehr noch minder.»

«Angenommen!» sagte sie und gab mir einen Handschlag. «Jetzt wollen wir wieder hineingehen und uns bei der Mutter Alippe ruhig halten; sie ist eine gute Frau, und wir müssen unsere Kräfte für die D . . . aufsparen. Jeden Abend außer der Klasse, hörst Du wohl?»

«Was heißt das, außer der Klasse?»
«Die Abendfreistunden in der Klasse, unter Aufsicht der D... sind im höchsten Grade langweilig. Wir verschwinden, sobald man das Refektorium verläßt, und stellen uns erst zum Gebet wieder ein. Zuweilen wird dies von der D... nicht bemerkt, gewöhnlich aber ist sie entzückt davon, weil es ihr das Vergnügen verschafft, uns bei der Rückkehr auszuzanken und zu bestrafen. Die Strafe besteht darin, am folgenden Tage die Nachtmütze aufzubehalten und dieselbe sogar in der Kirche zu tragen. In dieser Jahreszeit ist es recht angenehm und gesund. Begegnet man einer Nonne in diesem Zustande, so schreit sie *Shame! shame!* und macht das Zeichen des Kreuzes – aber das tut nichts! Hat man innerhalb vierzehn Tagen die Nachtmütze oft aufgehabt, so wird man von der Superiorin damit bedroht, am Ausgehtage zu Hause bleiben zu müssen. Aber sie läßt sich gewöhnlich durch die Eltern erweichen, oder sie vergißt die Strafe. Wird die Nachtmütze zum chronischen Übel, so muß sie sich freilich entschließen, uns einzusperren, aber was schadet das? Ist es nicht besser, einem lustigen Tage zu entsagen, als sich sein Lebenlang freiwillig zu ennuyieren?»
«Das ist eine sehr klare Beweisführung; aber was tut die D..., wenn sie Euch gar nicht ausstehen kann?»
«Sie schimpft uns aus, wie ein echtes Fischweib; man gibt ihr keine Antwort, und dann wird sie immer wütender.»
«Schlägt sie euch auch?»
«Sie hat die größte Lust dazu; aber sie hat keinen Grund, es so weit zu treiben; denn einige, wie die Artigen und die Dummen, zittern vor ihr – und die andern, so wie wir Teufel, verachten sie und schweigen.»
«Wie viele Teufel gibt es in der Klasse?»
«Für den Augenblick sind es nicht viele, und es war Zeit, daß du kamst, um uns zu verstärken. Es sind jetzt nur Isabelle, Sophie und wir beiden; alle andern sind Artige oder Dumme.»
Ich hatte die Teufel sehr nötig, um das régime des Klosters auszuhalten, das meiner Natur sehr zuwider war. Wir wurden ziemlich gut beköstigt, und darum habe ich mich auch nie viel gekümmert; aber wir waren auf die grausamste Weise der Kälte ausgesetzt, und der Winter war sehr hart in diesem

Jahre. Die Gewohnheiten in bezug auf das Niederlegen und Aufstehen waren mir ebenso schädlich als unangenehm. Ich habe immer geliebt, bis spät zu wachen und spät aufzustehen. In Nohant hatte man mir meinen Willen gelassen; ich las oder schrieb abends in meinem Zimmer und war nicht gezwungen des Morgens der Kälte zu trotzen. Die Zirkulation meines Blutes ist langsam, und das Wort «Kaltblütigkeit» bezeichnet meine körperliche und geistige Organisation. Als ich Teufel unter den Teufeln des Klosters war, verleugnete ich mich nie und beging die größten Dummheiten mit einer Ernsthaftigkeit, die meine Genossinnen ergötzte, aber ich fühlte mich beinahe vom Frost gelähmt, besonders während der ersten Hälfte des Tages. Der Schlafsaal war unter dem Dache gelegen und so eisig kalt, daß ich nicht einschlafen konnte und traurig jede Stunde schlagen hörte. Um sechs Uhr kamen die beiden Mägde, Marie Josephe und Marie Anna, und weckten uns ohne Erbarmen. Bei Licht aufzustehen und mich anzuziehen, ist mir immer sehr unangenehm gewesen. Man wusch sich in Wasser, auf dem man zuvor das Eis zerbrechen mußte und das die Haut nicht reinigte. Man hatte erfrorene Glieder, die geschwollenen Füße bluteten in den zu engen Schuhen. Man ging beim Schein der Kerzen zur Messe, zitterte vor Frost auf der Bank und schlief kniend ein. Um sieben Uhr bekamen wir unser Frühstück, bestehend aus einer Tasse Tee und einem Stück Brot, und sahen endlich, wenn wir in die Klasse traten, ein wenig Feuer im Ofen und den ersten Tagesschimmer am Himmel erscheinen. Aber ich taute erst gegen Mittag auf – ich litt schrecklich am Schnupfen und an heftigen Schmerzen in allen Gliedern und habe nachdem noch fünfzehn Jahre daran gelitten.

Aber Marie mochte nicht, daß man klagte. Sie war selbst stark wie ein Knabe und verspottete diejenigen, welche nicht eine völlige Unempfindlichkeit zeigten, ganz unbarmherzig. Durch sie lernte ich, unerbittlich gegen mich selbst zu werden; aber es war dabei auch einiges Verdienst auf meiner Seite, denn ich litt mehr als irgendeine andere, und die Luft von Paris bekam mir schon damals sehr schlecht.

Ich sah gelb aus, war apathisch und stumm und schien die Gehorsamste und Ruhigste der ganzen Klasse zu sein.

Fanny Lewald
(1811–1889)

Fanny Markus – ihre Familie nahm erst später den Namen Lewald an – wurde in Königsberg geboren und ging dort bis zu ihrem vierzehnten Lebensjahr zur Schule. «Nu! Dein Kopf hätt' auch besser auf 'nem Jungen gesessen!» bekam sie als kleines Mädchen zu hören. Denn Fanny war ein «Lesewolf», ein wißbegieriges, lerneifriges Kind – und das galt als «Unglück» für ein Mädchen ihrer Zeit. Die bürgerliche Tochter wehrte sich dagegen, verheiratet zu werden. Als Dreißigjährige schrieb sie ihren ersten Roman («Clementine»), den sie erst veröffentlichen durfte, nachdem ihr Vater die Erlaubnis dazu gegeben hatte. Jahrelang durfte niemand erfahren, daß sie als Schriftstellerin eigenes Geld verdiente; das hätte dem guten Ruf ihrer Familie geschadet. Emanzipation der Frauen zu Arbeit und Erwerb ist ein Thema, das sich durch alle Romane und Erzählungen der Fanny Lewald zieht. Zeitgenossen verglichen sie mit George Eliot und George Sand. Überdies gehörte sie zu den wenigen politisch denkenden Frauen des vorigen Jahrhunderts.

In ihrer «Lebensgeschichte» berichtet sie ausführlich über die Zeit, die sie als «höhere Tochter» zu Hause verbringen mußte. Der Abschnitt, der hier wiedergegeben wird, beginnt mit dem Zeitpunkt, als die Vierzehnjährige die Schule verlassen muß.

Fanny Lewald

Meine Mädchenjahre waren Leidensjahre

Die ersten paar Wochen nach dem Verlassen der Schule gingen mit allerlei Versuchsbeschäftigungen hin. Die Mutter wußte mich nicht recht zu verwenden, ich trieb mich also ziemlich planlos in den Stuben umher, bis ich irgend ein Buch erwischte und mich in einen Winkel hinsetzte, um zu lesen. Das lag jedoch gar nicht in meines Vaters Absichten, und eines schönen Morgens, kurz vor dem ersten Oktober, überraschte er mich mit folgendem, von ihm selbst aufgesetzten Stundenplan, den ich seitdem oft mit lächelnder Rührung betrachtet habe und den ich der Originalität wegen hersetze:

Stundenzettel für Fanny Marcus,
entworfen Ende September, gültig bis zur veränderten Jahreszeit und bis andere Lehrstunden eintreten.

Allgemeine Bestimmung:
Des Morgens wird spätestens um 7 Uhr aufgestanden, damit um $7\frac{1}{2}$ Uhr das Ankleiden völlig beendigt sei.

	Montag
von 8–9	Klavierstunde. Übung neuer Stücke.
" 9–12	Handarbeit, gegewöhnliches Nähen und Stricken.
" 12–1	Nachlesen der alten Lehrbücher, als: Französisch, Geographie, Geschichte, Deutsch, Grammatik usw.
" $1–2\frac{1}{2}$	Erholung und Mittagessen.
von 6–7	Uhr Schreibeübung.
	Dienstag
" 8–9	Uhr Übung neuer Klavierstücke.
" 9–10	häusliche Handarbeit.
" 10–12	Unterricht im Generalbaß.
" 12–1	gleich Montag.
" $1–2\frac{1}{2}$	dito.
" 2–5	dito.
" 5–6	Übung alter Klavierstücke.
" 6–7	Schreibeübung wie Montag.

Mittwoch

gleich Montag; 5 – 6 Uhr Übung der alten Musikstücke am Kla-

" $2\frac{1}{2}$–5 Uhr Handarbeit gleich oben.
" 5–6 Uhr Klavierstunde bei Herrn Thomas.

vier.
Donnerstag, Freitag und Sonnabend gleich den drei ersten Wochentagen.

Sonntag wird völlig der Bestimmung von Fanny anheimgestellt, mit Ausnahme der Klavierübung von 8–9 Uhr; jedoch müssen die wöchentlich unnötig versäumten Lektionen nachgeholt und die Stunden, welche am Klavier durch Ausgehen oder durch Besuche versäumt wurden, genau ersetzt werden. Fanny wird durch pünktliche Erfüllung dieses Stundenzettels und durch sonstiges gutes Betragen sich bemühen, ihren Eltern den Beweis zu geben, daß sie würdig sei, noch anderweitigen Unterricht zu erhalten und von ihrem Vater für ihre Erholungsstunden gute Lesebücher zu bekommen.
Besuch außer dem Hause wird wöchentlich einmal, und nur ausnahmsweise zweimal stattfinden.

Diese Anordnung mit ihrer befehlenden Kürze erschien mir weder auffallend noch hart. Ich war von Kindheit auf an eine sehr bestimmte Zeiteinteilung und Zucht gewöhnt, und ich bin gewiß, daß der Stundenzettel meiner Mutter ebenso wie mir eine Erleichterung gewährte. Er nahm ihr die Sorge, was sie mich tun lassen solle, und enthob mich dem Unbehagen, das in mir durch ihre wechselnden Versuche, mich zu beschäftigen, erzeugt worden war. Aber langweilig wurde dieser Winter mir im höchsten Grade.
Fünf Stunden an jedem Tag saß ich in der Wohnstube, an einem bestimmten Platz am Fenster, und erlernte Strümpfe zu stopfen, Wäsche auszubessern, und beim Schneidern und andern Arbeiten Hand anzulegen. Zwei Stunden brachte ich am Klavier zu, eine Stunde langweilte ich mich mit dem Inhalt meiner alten Schulbücher, den ich damals von A bis Z auswendig konnte, eine andere Stunde schrieb ich Gedichte zur Übung meiner Handschrift ab. Dazwischen ging ich Gänge aus der Küche in die Speisekammer und aus der Wohnstube in die Kinderstube, beaufsichtigte ab und zu die drei jüngsten Geschwister und hatte am Abende das niederschlagende Gefühl, den Tag über nichts Rechtes getan zu haben, und einen brennenden Neid auf meine Brüder, welche ruhig in ihr Gymnasium gingen, ruhig ihre Lektionen machten, und an denen also lange nicht so viel herumerzogen werden konnte als an mir. Ihr ganzes Dasein erschien mir vornehmer als das meine, und mit der Sehnsucht nach der Schule regte sich in mir das Verlangen, womöglich Lehrerin zu werden und so zu

einem Lebensberuf zu kommen, bei dem mich nicht immer der Gedanke plagte, daß ich meine Zeit unnütz hinbringen müsse.
Diese Ideen gegen meine Eltern auszusprechen, hätte ich aber nicht gewagt, denn sie würden darin eine Bestätigung für die alte Ansicht meiner Mutter gefunden haben, daß mir der rechte weibliche Sinn für die Häuslichkeit und für die Familie fehle, daß ich viel mehr Verstand als Herz hätte und daß meine Neigung für geistige Beschäftigungen ein Unglück für mich wie für sie sei. Hätte sie diese Ansicht nur wirklich festgehalten, so wäre für mich damit fertig zu werden gewesen. Indes wenn sie mir heute diese Vorwürfe gemacht hatte, so bezeigte sie morgen wieder die alte große Freude über meine Begabung und mein Wissen; und wenn mein Vater, der ihrer sonstigen Beobachtungsgabe mit Recht großes Zutrauen schenkte, nun in Folge ihres Urteils mich mit seiner etwas gewalttätigen Konsequenz häuslich und weiblich machen wollte, so war es gerade im Gegenteil meine Mutter, die von Mitleid bewegt, mir wieder etwas mehr Freiheit zu verschaffen suchte. Ich war wirklich in diesem Winter sehr übel daran und habe doch keinen von meinen Eltern deshalb anzuklagen, denn sie handelten beide aus Liebe zu mir und nach ihrem besten Wissen. Meine Mutter hatte keinerlei Bewußtsein von der Eifersucht, welche sie gegen meine ganze Entwicklung fühlte, und meinem Vater lag der Gedanke, eine solche Eifersucht in der Mutter vorauszusetzen, noch viel ferner. Ja, ich selbst erkannte damals diese Schwäche meiner Mutter nicht. Ich glaubte aus allerlei unvernünftigen Gründen, mich, wie schon gesagt, von ihr weniger geliebt als meine andern Geschwister, und das machte das Übel nicht geringer. Kurzsichtig, wie man es in den Familien meist für die Ursache der Mißstände ist, welche sich unter ihren Mitgliedern entwikkeln, erriet niemand, was eigentlich meine Mutter und mich nie zu dem richtigen Verhältnis kommen ließ. Als viele Jahre später mein Vater diese Einsicht gewann, sind doch alle Übrigen der Ansicht geblieben, daß die Schuld nur an mir gelegen habe, und keiner hat es einsehen wollen, wieviel Unrecht, wieviel empfindliche Verletzungen ich von der Mutter, ohne ihr Wissen und Wollen, grade in den Jahren erduldet habe, in

denen mein Herz noch so weich, meine Widerstandsfähigkeit so gering war, daß ich mich über nichts mündlich auszusprechen, geschweige denn über mich Erklärungen zu machen oder gar mich gegen irgendein mir zugefügtes seelisches Leid zu wehren verstanden hätte. Man kann gegen die Jugend in diesem Punkte nicht vorsichtig genug sein. Sie ist verwundbarer, je empfänglicher und je wehrloser sie ist; und jede Herzensverletzung drängt sie in sich selbst zurück, gewöhnt sie an ein einsames Innenleben, das für gewisse Naturen sehr bedenklich werden kann, wennschon es für kräftige Seelen zum Heil ausschlägt. Was es übrigens mit der Eifersucht von Eltern gegen die größere Bildung der Kinder auf sich hat – einem Mißverhältnis, das sich häufiger wiederholt, als man es gewahr wird – das habe ich später in einem meiner Romane, in den Wandlungen, an den Figuren des alten Brand und seines Sohnes poetisch darzustellen unternommen.
Aber nicht allein zu meiner Mutter, auch zu meinen Geschwistern hatte ich grade in jenem Zeitpunkte das alte frohe Kindheitsverhältnis nicht mehr. Mädchen entwickeln sich im allgemeinen viel früher als Knaben, ich war noch schneller als gewöhnlich vorgeschritten, und also den beiden zehn- und zwölfjährigen Brüdern wie der achtjährigen Schwester völlig entwachsen. Im Hause machten die andern drei kleinen Schwestern der Mutter viel Not und Arbeit, und es stand ihr ein zehntes Wochenbett bevor. Ihre Gesundheit war sehr schwach, und obschon sie trotz aller dieser Mühen und Beschwerden mir grade in diesem Winter eine Tanzstunde arrangierte, die abwechselnd bei uns und bei den Eltern der drei andern Mädchen gehalten wurde, welche den Unterricht mit mir gemeinsam nahmen, so empfand ich doch den Druck der Sorge, die auf dem Hause lastete, nur allzuschwer. Aber auch von dieser Einsicht getraute ich mir nicht zu sprechen, und ohne die zärtliche Freundschaft, welche ich damals für eine meiner frühern Mitschülerinnen hegte, wäre ich in jener Zeit wirklich recht unglücklich gewesen.

Einige Wochen nach Fanny Lewalds 14. Geburtstag wurde das letzte Kind der Familie geboren; ihr wurde zum ersten Mal eine verantwortungsvolle Aufgabe übertragen, die Leitung des Haushalts.

Unser Hausstand umschloß in jenem Augenblicke siebzehn Menschen: die Eltern, acht Kinder, von denen die vier Jüngsten einander fast Jahr auf Jahr gefolgt, und also noch alle völlig hilfsbedürftig waren, drei Commis, einen Lehrling, eine Köchin, die alte Kinderfrau, welche zur Wartung der kleinen Schwestern wieder zu uns zurückgekehrt war, und endlich eine Amme. Das war ein Personal, welches eine Menge von Bedürfnissen hatte, und das um so schwerer zu versorgen war, als man damals in den bürgerlichen Haushaltungen, die sich wie wir einzuschränken und genau über ihre Ausgaben zu wachen hatten, noch eine Art von Wirtschaft führte, die in großen Städten nicht anwendbar ist und auch in Königsberg vielleicht jetzt nicht mehr üblich sein mag. Sie war insofern sehr vernünftig, als sie den Grundsatz festhielt, daß es vorteilhaft sei, im großen und ganzen zu kaufen, wo die Billigkeit des Raumes Aufspeicherung gestattet; aber man hegte daneben das unzweckmäßige Verlangen, alles, was irgend möglich war, im Hause selbst zu fabrizieren. Man richtete sich ein, als lebte man auf dem Lande, und nahm alle Mühen über sich, welche die Entfernung von der Stadt der Landwirtin auferlegt, während man die Dienstboten und Lebensmittel mit städtischen Preisen bezahlen mußte.

Freilich waren der Lohn der Dienstboten und die Preise der Lebensmittel damals verhältnismäßig noch sehr gering. Eine Köchin erhielt je nach ihren Leistungen achtzehn bis vierundzwanzig, ein Stubenmädchen nicht über zwanzig Taler, und daß die Eltern der Kinderfrau, um sie für ihre langjährigen Dienste zu belohnen und sich die treue und verläßliche Person für die Kinder zu sichern, dreißig Taler zahlten, das wurde von der Familie als eine in unsern Verhältnissen fast unerhörte Ausgabe betrachtet. War das Jahr gut, so zahlte man für den Scheffel Kartoffeln zehn Silbergroschen, hatten wir Teurung, so konnte er bis zu vierzehn steigen. Kaufte man ein fettes halbes Kalb, so galt das Pfund im Durchschnitt einzweidrittel, bis zweieinhalb Groschen, der Wert der übrigen Fleischarten war entsprechend. Ein Huhn bezahlte man mit fünf- bis siebeneinhalb Groschen, junge Hühner im Sommer, wenn man sie noch eine Weile füttern wollte, mit zweieinhalb, Gänse mit vierzehn Groschen. Zum Preise von zweieinhalb

Groschen konnte man durch die Sommerzeit auch eine Mandel Eier haben, ein Pfund Butter galt fünf Groschen und die Fische und das Obst waren sehr billig. – So allein war es aber auch möglich, daß ein Hausstand wie der unsere durch das ganze Jahr mit siebzig Talern monatlich, welche mein Vater dafür ausgesetzt hatte, seinen völligen Bedarf an Lebensmitteln und Beleuchtung, den Zucker abgerechnet, bestreiten konnte, während doch ab und zu Gäste in das Haus kamen und noch eine Menge kleiner Ausgaben und Reparaturen von der ausgesetzten Summe gedeckt werden mußten.
Eine ordentliche Königsberger Familie legte sich also im Herbste ihre zehn, zwanzig Scheffel Kartoffeln in den Keller. Einige Scheffel Obst wurden im Sommer geschält und aufgereiht und bei dem Bäcker getrocknet, Pflaumen- und Kirschmus im Hause gekocht. Von allen Gemüsearten wurde der nötige Vorrat im Herbste für das ganze Jahr angeschafft und in Beeten von grobem Sand, je nach ihrer Art, in den Kellern untergebracht, was man Einkellern nannte. In gleicher Weise wurden ganze Fässer voll Sauerkohl und Gurken, Töpfe voll roter Rüben und marinierter Heringe eingemacht, der feinern Früchte und der für Krankheitsfälle nötigen Gelees und Fruchtsäfte nicht erst zu gedenken. Selbst Kamillen, Holunder und Kalmus wurden für vorkommende Fälle im Sommer von den Kräuterleserinnen gekauft und als Vorrat für den Winter aufbewahrt.
Aber das genügte noch nicht. Allwöchentlich wurde das Roggenbrot zu Hause angeteigt, mußte zu Hause säuern und besonders bei dem Bäcker gebacken werden. Gab es einen Geburtstag oder ein Fest, so wurde der Kuchen im Hause gebacken. Die Milch kaufte man, wie sie von der Kuh kam, um selbst die Sahne abzuschöpfen, das Bier ließ man in Fässern kommen und füllte es selbst auf Flaschen. Wurst wurde, wenn man es haben konnte, wenigstens einmal im Jahre im Hause gemacht, Schinken und alle Pökel- und Rauchfleischwaren galten für besser, wenn sie nicht vom Schlächter besorgt waren. Um sich vorteilhafter einzurichten, kaufte man je nach der Jahreszeit halbe Hämmel, halbe Kälber und halbe Schweine. Daß bei solchen Ansichten alles Federvieh im Hause gemästet, im Hause gerupft wurde, daß man die Federn

sammelte und sie schleißen ließ, und daß also natürlich auch alles, was irgend möglich war, im Hause gestrickt, genäht und geschneidert wurde, braucht nicht erst erwähnt zu werden. Die Grille der Selbstfabrikation ging so weit, daß man die Töchter nicht nur im Schneidern und Putzmachen unterrichten ließ, was insofern sehr vernünftig war, als es uns geschickt und unabhängig machte, sondern man ließ eine Zeit hindurch auch Schuhmacher in die Familien kommen, um das Schuhmachen zu lernen, um die Damen- und Kinderschuhe im Hause verfertigen zu können.

Wahr ist's, solch ein Haushalten im großen und ganzen hatte seine Reize. Es lag ein Vergnügen in dem weiten Voraussorgen, wenn man die Mittel hatte, ihm zu entsprechen. Die gefüllten Speisekammern und Keller mit ihren Steintöpfen, Fässern, Kasten und Schiebladen, waren hübsch anzusehen. Das Backobst auf den Schnüren, der Majoran und die Zwiebeln verliehen, im Verein mit den Gewürzen, der Speisekammer einen prächtigen Duft, das aussprossende Gemüse in den Kellern roch vortrefflich. Man hatte ein Gefühl des Behagens, wenn nun alles beisammen war. Nun konnte der Winter in Gottes Namen kommen! Der Besuch eines unerwarteten Gastes genierte auch nicht im geringsten. Wie überall, wo man aus dem Vollen wirtschaftet, war man eher geneigt, einmal etwas daraufgehen zu lassen; und für die Kinder gab es bei all dem Backen und Obsttrocknen, Einkellern, Einkochen und Wurstmachen, vielerlei Vergnügen, auf das man sich im voraus freute. Die Männer bezahlten in vielen Fällen diese Art der Wirtschaft nur mit mehr Geld als nötig, die Frauen mit einem Aufwande von Kraft, der oft weit über ihr Vermögen ging, und zu irgendeinem nicht auf den Haushalt und die Familie bezüglichen Gedanken blieb denjenigen, die wie wir bei allem selbst Hand anlegen mußten, wenn ihr Sinn nicht entschieden auf Höheres gerichtet war, kaum noch Zeit übrig. –

Daß nach diesen Angaben eine Königsberger Familie viel Raum haben mußte, daß Keller, Boden, Kammern und ein Hof unerläßlich, daß mehr Dienstboten dafür nötig waren, versteht sich von selbst. Rechnet man nun noch die fanatische Reinlichkeit meiner Landsmänninnen dazu, für die es damals

ein Dogma war, alle Zimmer wöchentlich einmal scheuern zu lassen, eine Gunst, welche den Fluren und Treppen zweimal in der Woche widerfuhr; rechnet man dazu, daß die Spiegel und sogar die Fenster, solange die Kälte dies bei den letztern nicht unmöglich machte, wöchentlich geputzt, die Stuben jeden Morgen feucht aufgewischt und nach dem Mittagessen, wo es tunlich war, noch einmal gekehrt und abgestäubt wurden, so entstanden mit dem notwendigen Reinhalten der Küche, der Kammern und des vielen für alle diese Vorräte nötigen Geschirres, eine nicht endende Arbeit und Unruhe, und eine Atmosphäre feuchter Reinlichkeit, in welcher Orchideen und Wasservögel, je nach der Jahreszeit, eigentlich besser an ihrem Platz gewesen wären als wir Menschenkinder.
Rastlos wie die Frauen es auf diese Weise wurden, waren es die weiblichen Dienstboten noch viel mehr, und alle Teile klagten gelegentlich darüber. Indes wer es den damaligen Hausfrauen – ich spreche von einer Zeit, die ein Menschenalter hinter uns liegt – zugemutet hätte, irgendeiner ihrer wirtschaftlichen Gewohnheiten zu entsagen, wer ihnen zugemutet hätte, ihr Brot vom Bäcker, ihr Backobst vom Kaufmann, ihren Bedarf an eingesalzenem Fleische von einem Schlächter zu beziehen, den hätten sie als einen Ketzer angesehen, als einen Frevler, der ihre hausfraulichen Pflichten beschränken wolle, um ihrer Würde und Bedeutung damit Abbruch zu tun und so das Glück der Ehen und der Familien allmählich zu untergraben.
Sie gaben zu bedenken – und dies mit einem Schein von Recht –, daß außer dem Hause alles schlechter und teurer sei als in dem Hause, aber sie brachten dabei die Kosten der großen Wohnung, des Dienstpersonals, der Feuerung und den Wert der Zeit nicht im Detail in Anschlag, die im Hause auf die fraglichen Gegenstände gewendet worden waren. Sie vergaßen ferner, daß ihre Vorurteile es den Verkäufern unmöglich machten, sich auf einen Verkauf im großen einzurichten, und daß keine Konkurrenz den Preis der Ware ermäßigen kann, wo man entschlossen ist, keine Nachfrage nach Ware zu machen. Erleben wir doch jetzt nach dreißig weitern Jahren ganz dasselbe, wenn man es der Mehrzahl der Frauen begreiflich machen will, daß es für den Unbemittelten nicht zweck-

mäßig sei, an ein spärliches Mittagbrot ein eigenes Feuer und die Arbeit eines besonders dafür bezahlten Mädchens zu wenden, und – war ich doch selbst, solange ich in meinem Vaterhause haushielt, von dem Glauben an die nicht zu übertreffende Zweckmäßigkeit unserer Königsberger Einrichtungen überzeugt. Es gibt aber freilich auf der Welt nichts Beschränkteres und also auch nichts Eigensinnigeres als die Frauen, wenn sie, statt sich ihrer Vernunft zu bedienen, sich hinter die Schranken der geheiligten Gewohnheit zurückziehen. Sie machen dann die Gewohnheit zur Sache der Empfindung und des Herzens, ihre Vorurteile zum Symbol des Familienglückes, ja zum Palladium der ganzen sozialen Lebensordnung; und so lieb mir auch heute das hausfrauliche Walten und Sorgen im eigenen Hause und am eigenen Herde ist, weil unsere Vermögenslage mir gestattet, einen Teil meiner Zeit dafür zu verwenden, so bin ich doch froh darüber, daß der häusliche Herd mir nicht mehr ein wesentlicher Bestandteil des Familienglückes und der Kochlöffel in der Hand der Hausfrau nicht mehr als das Symbol ihrer Würde oder gar als das Szepter erscheint, mit welchem bewaffnet, das Weib allein seine Stelle als Gattin, Mutter und Hausfrau behaupten und seine Pflichten erfüllen kann. Es ist aber keine Frage, daß die Frauen ihren Pflichten auch genügen können werden, wenn wir einmal zu guten und allein vernunftgemäßen allgemeinen Kochanstalten kommen sollten, wie wir ja zu den Bäckern, Brauern, Konditoren usw. schon gelangt sind.
Ich habe mein Leben hindurch eine Lust darin gefunden, Schwierigkeiten zu bekämpfen, denen ich mich gewachsen glaubte. Ehrgeiz und Tätigkeitstrieb kamen mir dann zu Hilfe, und ich fühlte mich dabei munter und zuversichtlich. Zu dieser Stimmung, welche sich bei mir einstellte, nachdem meine jüngste Schwester geboren und die Not und Gefahr für meine arme Mutter überstanden war, gesellte sich damals die Freude, für die Mutter zu sorgen, dem Vater, den Geschwistern und den Hausgenossen es an keinem Notwendigen fehlen zu lassen, und die Genugtuung, es den Eltern beweisen zu können, daß ich nicht unpraktisch und nicht unnütz sei.
Ich war mit Bangen und Zagen an mein Amt gegangen, nach den ersten acht Tagen aber fühlte ich mich bei der Arbeit

frischer und glücklicher als je zuvor, obschon sie mir so körperlich als geistig schwer fiel. Mein Vater hat mich in spätern Tagen gern damit geneckt, daß er mich eines Tages in stillen Tränen vor dem großen Wäscheschrank gefunden, weil ich auf einem Stuhle stehend, mit dem Heben der schweren Tischdecke nicht fertig werden konnte und doch niemand rufen wollte, um meine Schwäche und mein Ungeschick nicht den mir untergebenen Dienstboten zu verraten.

Aber die Kraft übte sich allmählich, ich war dazu plötzlich meinen trocknen Stundenplan los geworden, meine Mutter war mit mir zufrieden, mein Vater hatte sichtliche Freude an meinem Gelingen, und meine kleinen Schwestern, die mir bis dahin, trotz aller meiner Liebe für sie, doch oft recht unbequem gewesen, wuchsen mir anders als vorher ins Herz, seit sie die Gegenstände meiner Sorge und Mühe waren.

Dazu war es Frühjahr, das Wasser floß funkelnd unter unsern Fenstern hin, Schiffe kamen und gingen, die ersten gelben Glockenblumen und Himmelsschlüsselchen konnten meiner Mutter in ihre Wochenstube getragen werden, mit dem ersten kleingeschnittenen Kalmus, mit den ersten frischen Tannensprossen, konnten wir ihr, die diesen Duft liebte, Girlanden um die Schränke und Tische legen, das Kind in der Wiege trug das Häubchen und das Jäckchen, das ich vor seiner Geburt für dasselbe gemacht, und wie oft ich an jenes Frühjahr denke, immer erscheint es mir als ein besonders angenehmes. Das hat aber seinen guten Grund: ich genoß in demselben zum ersten Male die Freuden einer werktätigen Liebe, zum ersten Male die Kräftigung, welche selbständiges Handeln uns mit seiner Verantwortlichkeit auferlegt.

Dadurch fühlte ich mich aber auch als ein erwachsenes Frauenzimmer, und als nähmen mit diesem Bewußtsein meine körperlichen Kräfte ebenmäßig zu, so fing ich an schnell zu wachsen, wurde stärker, bekam Farbe und sah, wie man das bei uns mit dem Volksausdruck bezeichnet, bald so vollständig aus, daß es nicht mehr möglich war, mir die Rolle eines halberwachsenen Mädchens aufzudrängen.

Manchmal, wenn mein Zustand mir gar zu lähmend wurde, kam mir der Einfall, ich möchte Gouvernante werden. Aber einer solchen Idee konnte ich mich nie lange überlassen, weil ich eigentlich nicht gern unterrichtete, und weil ich auch wußte, daß solch ein Plan unausführbar für mich war. Mein Vater hatte einen ausgesprochenen Widerwillen gegen jede Art von Dienstbarkeit der Seinen für andere. Er hatte sie nie gekannt, und eine seiner Töchter ohne zwingende äußere Notwendigkeit Fremden dienstbar zu machen, würde er sich nie entschlossen haben. Dazu hätte es infolge unserer Sitte, welche den Wohlstand einer Familie nach dem Müßiggange ihrer Töchter ermißt, die Verhältnisse meines Vaters in ein schlechtes Licht gestellt, wenn er mich hätte arbeiten und Geld erwerben lassen.

Bisweilen wieder meinte ich Zerstreuung zu finden, wenn ich mich an den Armenschulen, oder auch nur bei den Wohltätigkeitslotterien und Suppenanstalten beteiligen könnte, die mehr und mehr in Aufnahme kamen, und über deren Zweckmäßigkeit oder Unzweckmäßigkeit nachzudenken in der Verfassung, in welcher ich mich befand, nicht meine Sache war. Aber mein Vater war einmal überhaupt ein Gegner dieser Art von Wohltätigkeit und mehr noch ein Gegner davon, daß Frauenzimmer sich irgendwie außerhalb ihres Hauses und ihrer Familie betätigten.

«Willst Du Kinder erziehen und unterrichten, so haben wir hier im Hause noch drei Mädchen von dreizehn bis neun Jahren, da ist Arbeit genug für Dich!» sagte er. «Willst Du Kranke pflegen, so ist Deine Mutter da, welche immer der Pflege und Bedienung bedarf, und was die Handarbeiten für Arme und für Wohltätigkeitsvereine betrifft, so kosten solche Luxussachen diejenigen, welche sie anfertigen, die Zeit ganz abgerechnet, mehr Geld, als sie den Armenvereinen abwerfen, sie sind also unpraktisch und unrationell. Tue im Hause, was Dir das Nächste ist, und im übrigen benutze Deine Zeit, so gut Du kannst, für Deine eigene Ausbildung.»

Ich befand mich also mit meinem Streben, mir selbst zu helfen, vor einer unübersteiglichen Schranke, denn mir standen in jener Zeit noch die entschiedensten Vorurteile meines Vaters entgegen. Der Satz, daß die Frau mit ihrem ganzen Sein und ihrem Tun unter allen Verhältnissen nur dem Hause und der Familie angehöre, war bei ihm so sehr Überzeugungs-

sache, daß ich sogar auf eine Mißbilligung stieß, als ich, nach meiner Heimkehr, den mir in Breslau zur Gewohnheit und zum Bedürfnis gewordenen täglichen Spaziergang machen und meine Schwester dazu mit mir nehmen wollte. Der Vater fand es «häßlich», wenn man junge Mädchen täglich auf der Straße sähe, und es währte wohl vierzehn Tage, ehe wir zu dieser unschuldigsten aller Vergnügungen und Lebensäußerungen seine Zustimmung und die Erlaubnis erhielten, am Nachmittage die Tour am Hafenbollwerk entlang und um den einsamen, melancholischen Philosophendamm zu machen.
Aber selbst das war mir schon eine Gunst und ein Gewinn. Ich konnte Luft schöpfen, die Wolken ziehen, die Vögel fliegen sehen. Wir kamen auf den Stadtwall, und ich konnte die Chaussee entlang blicken, welche dorthin führte, wohin alle meine Gedanken sich wendeten. Die Mauern des Hauses, die Straßen der Stadt engten mich nicht mehr ein, es sah mich niemand darauf an, was ich wohl denken möchte, es war eine verhältnismäßige Freiheit, es war doch wenigstens eine körperliche Bewegung.
Hätte man mich in jener Epoche mit einer bestimmten, mich geistig hinnehmenden und körperlich ermüdenden Arbeit, in meines Vaters Comptoir an eines seiner Pulte gestellt; hätte man mich, da ich leidlich zeichnete, an einen Lithographierstein gesetzt und mich arbeiten lassen; hätte man mir die Aufsicht über eine Erwerbschule oder sonst etwas anvertraut, woran mein natürliches Talent zum Einrichten und Verwalten sich hätte geltend machen können, oder hätte mir ein wohlgeleitetes, auf einen absehbaren Zweck hinführendes Studium offengestanden, ich würde mir wie begnadigt vorgekommen sein und hätte daneben noch bequem all dasjenige vollbringen können, was von meiner Seite für die Familie erfordert wurde.
Um doch aber etwas zu tun, fing ich an, Englisch zu lernen; und wieder war es die Mutter, welche mir die Erlaubnis dazu erwirkte. Es lag darin etwas sehr Rührendes für mich. Während es mir unmöglich gewesen wäre, ihr zu sagen: «Ich leide», und ihr eben so unmöglich, mich zu fragen: «Was fehlt Dir?», erriet ihre Mutterliebe und das zärtliche Auge, das sie für jeden von uns hatte, es immer zuerst, wenn für einen von uns

eine Hilfe nötig war. Und obschon grade in jenen Tagen mein Vater sich offenbar in Zweifel darüber befand, ob er mit der Erziehung, welche er mir gegeben, mein Wohl befördert, ob er nicht vielleicht besser daran getan hätte, mich weniger Wert auf Geistiges legen zu machen, so daß er eben jetzt nicht geneigt war, mir zu willfahren, so fühlte die Mutter, daß für mich an ein Zurückgehen nicht zu denken sei und daß man mich auf dem Wege Befriedigung suchen lassen müsse, auf dem ich sie zu finden glaubte und hoffte. Ich bekam also englischen Unterricht gemeinsam mit einem meiner Geschwister, und die Kenntnis dieser Sprache ist mir später trefflich zustatten gekommen.

Charlotte (1816–1855), Emily (1818–1848) und Anne (1820–1849) Brontë

In einem einsam gelegenen Pfarrhaus in Yorkshire schrieben die drei Brontë-Schwestern Romane, denen sie eigene Erlebnisse und Wünsche zugrunde legten. Sie taten das heimlich – und veröffentlichten ihre Bücher unter Pseudonymen. Ihr Vater, Pfarrer Patrick Brontë, schickte die Kinder nach dem Tod der Mutter in Internatsschulen. Charlotte, Emily und Anne erlebten in ihrer frühen Jugend mit, wie ihre zwei älteren Schwestern an Tuberkulose starben. Die Bedingungen im Internat waren so hart, daß Patrick Brontë die drei jungen Töchter nach Hause zurückholte. Die Bücher, die die drei Brontës veröffentlichten, brachten das viktorianische England in Unruhe: Hier wurden Frauen geschildert, die nicht «sanft und schwach» waren, sondern eigene Bedürfnisse äußerten. Emily Brontës Roman «Sturmhöhe» gilt bis heute als das bedeutendste Werk der Brontë-Schwestern. Auf den folgenden Seiten kommt Charlotte Brontë zu Wort mit einem Auszug aus ihrem Roman «Jane Eyre». Was sie schildert, erlebten auch ihre Schwestern und andere Zeitgenossinnen: «Jane Eyre», die Ich-Erzählerin, wurde im Internat «geschliffen».

Charlotte Brontë

Da stand ich nun am hohen Pranger ...

Mein erstes Vierteljahr in Lowood schien mir eine Ewigkeit zu dauern; auch war es weit entfernt, für mich das goldene Zeitalter zu sein; bestand es doch in einem ärgerlichen Kampfe mit Schwierigkeiten aller Art, um mich an neue Regeln und ungewohnte Aufgaben zu gewöhnen. Die Furcht, dabei zu unterliegen, peinigte mich mehr, als das physische Ungemach meines Loses, obgleich auch dieses keine Kleinigkeit war. Den Januar, Februar und einen Teil des März hindurch verhinderte uns der tiefe Schnee, und nachdem derselbe geschmolzen, der abscheuliche Zustand der Wege, unsere Spaziergänge über die Gartenmauern hinaus auszudehnen; die einzige Ausnahme war, daß wir zur Kirche gehen mußten. Innerhalb der uns gesteckten Grenzen aber durften wir jeden Tag eine Stunde in freier Luft zubringen. Unsere Kleidung konnte uns gegen die strenge Kälte nicht schützen; wir hatten keine Stiefel, der Schnee drang in unsere Schuhe ein und schmolz da; unsere unbehandschuhten Hände waren stets starr vor Kälte und mit Frostbeulen überdeckt, ebenso auch unsere Füße. Ich erinnere mich noch recht gut der davon herrührenden Qual, – einer Qual, die mich außer mir brachte, und sich jeden Abend wiederholte, wenn meine Füße mich brannten; nicht minder gut erinnere ich mich jener andern Qual, wenn ich morgens meine geschwollenen, beißenden und steifen Zehen in die Schuhe stecken mußte. Sodann war die magere Kost in der Tat Verzweiflung erregend: bei dem tüchtigen Appetite wachsender Kinder hatten wir kaum so viel zu essen, um einen noch schwachen, wiedergenesenden Kranken am Leben zu erhalten. Aus diesem Mangel an Nahrung entstand ein Mißbrauch, den die jüngern Schülerinnen hart fühlten: so oft die hungrigen großen Mädchen eine günstige Gelegenheit sahen, schmeichelten oder drohten sie den kleinern so lange, bis sie mit ihnen ihre Portion teilten. Gar oft habe ich das kostbare Stück Schwarzbrot, das wir zur Teezeit erhielten, an zwei Mädchen verteilt, die mich darum bestürmten; und wenn ich an eine dritte den halben Inhalt meines Kaffeebechers abgetreten hatte, habe ich oft den Rest unter heimlichen Tränen, die mir durch den Hunger ausgepreßt wurden, hinuntergeschluckt.

Die Sonntage waren während dieser Winterzeit traurige Tage. Wir mußten zwei Meilen weit gehen, um nach Brocklebridge zu kommen, wo unser Patron als Geistlicher funktionierte: es fror uns, wenn wir uns auf den Weg machten, und es fror uns noch mehr, wenn wir in der Kirche ankamen; während des Morgengottesdienstes wurden wir durch die Kälte fast ganz gelähmt. Es war zu weit, um zum Mittagessen in unsere Anstalt zurück zu gehen, und eine, wie gewöhnlich, sehr spärliche Portion von kaltem Fleisch und Brot wurde an uns während des Morgen- und Nachmittagsgottesdienstes ausgeteilt.

War der Nachmittagsgottesdienst zu Ende, so kehrten wir auf einem offenen und hügeligen Wege zurück, wo der schneidende, winterliche Wind, der über eine Reihe Schneehügel im Norden dahin wehte, uns fast die Haut aus dem Gesichte riß.

Ich kann mich erinnern, wie Miss Temple rasch und leicht an unserer mutlosen Reihe dahinging, ihren schottischen, von dem frostigen Winde von Zeit zu Zeit auseinander getriebenen Mantel, dicht um sich hergezogen, und uns durch Worte und Beispiel ermunternd, den Mut nicht sinken zu lassen und vorwärts zu marschieren, gleich tapfern Soldaten. Die übrigen Lehrerinnen – die armen Dinger – waren gewöhnlich selbst zu sehr niedergeschlagen, als daß sie es hätten versuchen mögen, andern Mut zu machen.

Wie sehnten wir uns nach dem Licht und der Wärme eines lodernden Feuers, wenn wir zurückkamen! Aber die Kleinen konnten auch nicht einmal dieses erreichen: jeder Kamin in dem Schulzimmer war in einem Augenblicke von einer doppelten Reihe großer Mädchen umgeben, und hinter ihnen hockten die jüngern gruppenweise nieder, ihre abgemagerten Arme in ihre Schürzen hüllend.

Zur Teezeit kam endlich ein kleiner Trost in Gestalt einer

doppelten Ration Brot – einer ganzen, anstatt einer halben Schnitte, mit der angenehmen Beigabe einer dünnen Lage Butter: es war der jede Woche wiederkehrende Schmaus, auf den wir uns von einem Samstag zum andern freuten. In der Regel gelang es mir, wenigstens eine Hälfte von diesem reichlichen Mahle für mich zu behalten; das Übrige aber mußte ich regelmäßig abgeben.

Der Sonntagabend wurde damit zugebracht, daß man den Katechismus sowie das 5te, 6te und 7te Kapitel des Evangeliums Matthäi hersagte, sowie damit, daß man eine lange Predigt anhörte, die Miss Miller vorlas, wobei aber ein unüberwindliches Gähnen ihre Ermüdung hinlänglich an den Tag legte. Häufig kam es dabei vor, daß etwa ein halbes Dutzend Mädchen vom Schlafe überwältigt, wenn auch nicht vom dritten Stockwerke, so doch von der vierten Bank herabfielen, die dann halbtot aufgehoben werden mußten. Als Heilmittel dagegen schob man sie nun in die Mitte des Schulzimmers, und nötigte sie, dort bis zum Ende der Predigt stehen zu bleiben. Bisweilen trugen sie ihre Füße nicht mehr, und dann fielen sie in einen Haufen zusammen; weshalb man sie mit den hohen Stühlen der Aufseherinnen stützte.

Ich habe von den Besuchen des Herrn Brocklehurst noch nichts gesagt. Dieser Herr war nämlich während des größten Teils des ersten Monats nach meiner Ankunft zu Hause abwesend; vielleicht war er noch länger bei seinem Freunde, dem Archidiakon, geblieben: sein Nichterscheinen gereichte mir zu großer Beruhigung. Ich brauche wohl nicht erst zu sagen, daß ich meine Gründe hatte, seine Ankunft zu fürchten: aber am Ende kam er dann doch.

Eines Nachmittags – ich war seit drei Wochen in Lowood – als ich mit meiner Schiefertafel in der Hand da saß und mir über eine lange Division den Kopf zerbrach, fiel mein Auge, während es sich zerstreut auf das Fenster heftete, auf eine eben vorübergehende Gestalt: fast instinktmäßig erkannte ich jenen hageren Umriß, und als zwei Minuten darauf die ganze Schule samt den Lehrerinnen gleichzeitig aufstand, brauchte ich nicht erst hinzusehen, um mich von der Person des eben Eingetretenen und also Begrüßten zu vergewissern. Ein weiter Schritt durchmaß das Schulzimmer, und alsbald stand neben Miss

Temple, die sich gleichfalls erhoben hatte, die nämliche schwarze Säule, die mich in Gateshead von dem Kaminteppiche aus in so unheimlicher Weise angesehen hatte. Ich warf nun Seitenblicke auf dieses Architekturstück. Ja, ich täuschte mich nicht: es war wirklich Herr Brocklehurst, in einem von unten bis oben zugeknöpften Oberrocke und länger, schmäler und strenger anzuschauen, als je.

Ich hatte meine guten Gründe, vor dieser Erscheinung zu zittern: nur zu gut erinnerte ich mich der perfiden Winke, die Mister Reed über meinen Charakter usw. gegeben, sowie des von Herrn Brocklehurst gegebenen Versprechens, daß er Miss Temple und die Lehrerinnen auf meine Fehler aufmerksam machen würde. Schon während der ganzen Zeit meines Hierseins hatte ich der Erfüllung dieses Versprechens in Angst und Bangigkeit entgegengesehen; Tag für Tag hatte ich der Ankunft des Mannes entgegengesehen, dessen Bericht über mein vergangenes Leben und die von mir getanen Äußerungen mich für immer als ein schlechtes Kind brandmarken mußten: nun stand er da neben Miss Temple und sagte ihr etwas ins Ohr. Ich zweifelte nicht, daß er meine Bosheit enthülle, und beobachtete mit peinlicher Angst ihr Auge, jeden Augenblick gewärtig, ihren schwarzen Augapfel nach mir einen Blick des Widerwillens und der Verachtung werfen zu sehen. Ich horchte auch; und da ich ganz oben im Saale saß, so hörte ich fast alles, was er sagte: der Inhalt seiner Unterredung befreite mich für den Augenblick von meiner Furcht.

«Ich denke, Miss Temple, der Zwirn, den ich in Lowton gekauft, ist recht; ich sah, daß er gerade von der zu den Kattunhemden erforderlichen Qualität sein würde, und danach wählte ich auch die Nadeln aus. Sie können Miss Smith sagen, daß ich vergessen habe, die Stopfnadeln aufzuschreiben; aber sie soll das Verzeichnis nebst einigen andern Papieren in der nächsten Woche zugeschickt erhalten; auf keinen Fall soll sie einer Schülerin mehr als eine Nadel zu gleicher Zeit geben: haben sie mehr, so werden sie gern fahrlässig und verlieren sie. Und o, Ma'am! man sollte besser nach den wollenen Strümpfen sehen! – Als ich zum letzten Male hier war, ging ich in den Küchengarten und sah die Kleidungsstücke an, die an der Trockenleine hingen; da waren eine Menge schwarzer

Strümpfe in sehr schlechtem Zustand; aus der Größe der Löcher schloß ich, daß man sie nicht recht von Zeit zu Zeit ausgebessert habe.»

Er hielt inne.

«Ihren Anordnungen soll Folge geleistet werden, mein Herr», sagte Miss Temple.

«Und Ma'am», setzte er hinzu, «die Wäscherin sagt mir, einige von den Mädchen bekämen in der Woche zwei leinene Halsstreifen. Das ist aber zuviel: nach der Regel soll jede nur einen bekommen.»

«Diesen Umstand kann ich, glaube ich, erklären, mein Herr. Agnes und Katharine Johnstone waren letzten Donnerstag von einigen Freunden zu Lowton auf einen Tee geladen, und ich erlaubte ihnen bei dieser Gelegenheit, reine Halsstreifen anzulegen.»

Herr Brocklehurst nickte.

«Gut, einmal mag das hingehen; aber lassen Sie es gefälligst nicht gar zu oft vorkommen. Und es ist noch etwas, was mich überrascht hat: bei der Abrechnung mit der Haushälterin finde ich, daß in den letzten 14 Tagen den Mädchen zweimal ein aus Brot und Käse bestehender Imbiß gereicht worden ist. Wie kommt das? Ich gehe das Reglement durch und finde darin keines solchen Mahls Erwähnung getan. Wer hat diese Neuerung eingeführt? und auf wessen Autorität hin?»

«Ich muß die Verantwortung dafür übernehmen, mein Herr», erwiderte Miss Temple, «das Frühstück war so schlecht zubereitet, daß die Schülerinnen es unmöglich essen konnten; und ich hätte es nicht auf mich nehmen mögen, sie bis zum Mittagessen fasten zu lassen.»

«Erlauben Sie mir einen Augenblick, Madam! – es ist Ihnen nicht unbekannt, daß bei Erziehung dieser Mädchen mein Plan nicht ist, sie an Luxus zu gewöhnen und sie zu verzärteln, sondern im Gegenteil, sie abzuhärten und ihnen Selbstverleugnung und Geduld einzuprägen. Sollte es irgend einmal vorkommen, daß der Appetit nicht so ganz befriedigt wird, weil eine Speise angebrannt, versalzen oder zu wenig gesalzen ist, so darf hier nicht damit geholfen werden, daß man etwas Köstlicheres für das Schlechtere gibt, denn dadurch macht man sich den Bauch zum Abgotte und arbeitet dem

Zwecke der Anstalt entgegen; man muß im Gegenteil den Umstand zur Förderung des geistlichen Wohls der Schülerinnen benützen, indem man sie ermuntert, bei zeitweisen Entbehrungen christliche Stärke an den Tag zu legen. Eine kurze Anrede bei solchen Gelegenheiten wäre nicht am unrechten Platz, wobei auf die Leiden der ersten Christen hinzuweisen wäre; auf die Qualen der Märtyrer; auf die Ermahnungen unseres teuren Erlösers, der zu seinen Schülern sagt, ‹nehme dein Kreuz auf dich und folge mir›; auf die Worte desselben, daß der Mensch nicht allein vom Brote lebt, sondern von jedem Worte, das aus dem Munde Gottes geht; auf seine göttlichen Trostesworte, ‹selig seid, wenn ihr hungert um meinetwillen, oder dürstet›. O, Madam, wenn Sie, anstatt angebrannter Suppe, dieser Kinder Mund mit Brot und Käse füllen, so mögen Sie wohl ihre sterblichen Körper nähren, allein Sie bedenken nicht, daß Sie ihre unsterblichen Seelen Hunger leiden lassen.»

Herr Brocklehurst hielt abermals inne, vielleicht überwältigt von seinen Gefühlen. Miss Temple hatte auf den Boden geblickt, als er zu reden angefangen hatte; aber jetzt sah sie ganz gerade vor sich hin, und ihr Gesicht, das von Natur so blaß war wie Marmor, schien auch die Kälte und Unbeweglichkeit dieses Materials anzunehmen: insbesondere schloß sich ihr Mund, so daß es scheinen mochte, als könnte derselbe nur durch den Meißel des Bildhauers geöffnet werden, und ihre Stirn nahm allmählich eine versteinerte Strenge an.

Unterdessen überblickte Herr Brocklehurst, der, mit den Händen auf dem Rücken, am Kamine stand, die ganze Schule mit majestätischem Ernst. Plötzlich sah man sein Auge blinzeln, als ob es durch irgend etwas, worauf es gestoßen, geblendet oder beleidigt worden wäre; sich umdrehend, sprach er rascher, als er bisher getan:

«Miss Temple, Miss Temple, was – was ist das da für ein Mädchen, mit dem gelockten Haar? Rotes Haar, Ma'am, gelockt – durchweg gelockt?»

Und, seinen Stock ausstreckend, zeigte er auf den Schrecken erregenden Gegenstand hin: und dabei zitterte seine Hand.

«Es ist Julie Severn», entgegnete Miss Temple ganz ruhig.

«Julie Severn, Ma'am! Und warum hat sie, oder sonst irgend

jemand, gelocktes Haar? warum richtet sie sich, jeder Vorschrift und jedem Grundsatze dieses Hauses zum Trotze, so ungescheut nach der Welt, daß sie in dieser evangelischen, wohltätigen Zwecken dienenden Anstalt ihr Haar in Gestalt einer Masse von Locken trägt?»

«Juliens Haar lockt sich von Natur», entgegnete Miss Temple in noch ruhigerem Tone.

«Von Natur! Ja, aber wir sollen uns nicht nach der Natur richten; diese Mädchen sollen Kinder der Gnade sein. Und wozu diese Fülle von Haaren? Ich habe schon zu wiederholten Malen angedeutet, daß das Haar in bescheidener und einfacher Weise getragen werden soll. Miss Temple, das Haar dieses Mädchens muß total abgeschnitten werden; morgen werde ich einen Barbier senden: und da sehe ich noch andere, die einen viel zu starken Haarwuchs haben; – sagen Sie doch dem großen Mädchen da, sie solle sich umwenden. Heißen Sie doch die ganze erste Bank aufstehen und die Gesichter der Wand zuwenden.»

Miss Temple fuhr mit ihrem Taschentuch über ihre Lippen hin, gleichsam um das unwillkürliche Lächeln, das sich auf denselben hinzog, wegzuwischen; sie gab indessen den Befehl zum Aufstehen, und so gehorchte dann die erste Klasse. Ich lehnte mich auf meine Bank ein wenig zurück und konnte daher die Blicke und Grimassen sehen, womit sie diese ihre Bewegung begleiteten. Wie schade war es nur, daß Herr Brocklehurst sie nicht auch sehen konnte; vielleicht hätte er dann eingesehen, daß bei allen seinen, das Äußere betreffenden Anordnungen, das Innere mehr, als er glaubte, außer seinem Bereiche liege. Er betrachtete die Kehrseite dieser lebenden Medaillen etwa fünf Minuten lang und sprach sodann sein Urteil aus. Diese Worte klangen wie die Worte des jüngsten Gerichtes: –

«Alle diese Flechten müssen abgeschnitten werden.»

Miss Temple schien Einwände zu erheben.

«Madam», fuhr er fort, «ich muß einem Herrn dienen, dessen Reich nicht von dieser Welt ist: was ich zu tun habe, ist, die Lüste des Fleisches in diesen Mädchen zu töten, ihnen zu zeigen, wie man sich schamhaft und nüchtern kleidet, und geflochtenem Haare und kostbaren Gewändern entsagt; und jede der vor uns hier stehenden jungen Personen trägt ihr Haar in Zöpfen und Flechten, wie nur die Eitelheit selbst sie geflochten hätte: diese, ich wiederhole es, müssen abgeschnitten werden; denken Sie an die Zeit, die verloren geht, an –»

Hier wurde Herr Brocklehurst unterbrochen: es kamen noch drei Besucher, Damen, ins Zimmer herein. Sie hätten etwas früher kommen sollen, damit sie seine Predigt über die Art, sich zu kleiden, gehört hätten; denn sie waren prächtig in Samt, Seide und Pelzwerk gekleidet. Die zwei jüngeren von den dreien (schöne Mädchen in einem Alter von 16 bis 17 Jahren) hatten graue, mit Straußfedern beschattete Hüte, die damals in der Mode waren; und unter dieser zierlichen Kopfbedeckung zeigte sich eine Fülle von Locken, denen man es wohl ansah, daß sie nicht das Werk eines Augenblicks waren; die älteste Dame war in einen kostbaren, samtnen Schal gehüllt, der einen Besatz von Hermelin hatte; auch trug dieselbe falsche Locken.

Diese Damen wurden von Miss Temple mit vieler Achtung empfangen als Mistress und Misses Brocklehurst und sodann auf die Ehrensitze am oberen Ende des Zimmers geführt. Es scheint, sie waren mit Seiner Ehrwürden in einem und demselben Wagen gekommen und hatten die obern Zimmer prüfend durchsucht, während er mit der Haushälterin rechnete, an die Wäscherin Fragen stellte und der Oberaufseherin gepredigt hatte. Sie begannen nun verschiedene Bemerkungen und darunter tadelnde, an Miss Smith zu richten, welche die Wäsche und die Schlafzimmer unter sich hatte; ich hatte aber keine Zeit, auf das zu hören, was sie sagten; andere Gegenstände lenkten meine Aufmerksamkeit ab, und nahmen dieselbe ausschließlich in Anspruch.

Bis daher hatte ich, auf die Unterredung des Herrn Brocklehurst mit Miss Temple horchend, es zu gleicher Zeit nicht an den nötigen Vorsichtsmaßregeln fehlen lassen, um meine persönliche Sicherheit zu garantieren, was ich erlangen zu können glaubte, sobald es mir gelang, der Beachtung auszuweichen. Zu dem Ende hatte ich mich weit auf die Bank zurückgesetzt, und hatte, während ich, dem Anschein nach, mich mit meiner Rechnung beschäftigte, meine Schiefertafel so gehalten, daß mein Gesicht dadurch verborgen ward. Ich wäre wohl auch der Beobachtung entgangen, wäre nicht meine verräterische Schiefertafel mir auf einmal aus der Hand entschlüpft und mit einem großen Krache zu Boden gefallen, was aller Augen auf mich zog. Nun wußte ich, daß alles verloren sei, und, mich bückend, um die zwei Stücke, in welche die Schiefertafel zerbrochen war, aufzuheben, sammelte ich alle meine Kräfte und machte mich aufs Schlimmste gefaßt. Dieses kam auch.

«Ein nachlässiges und unachtsames Mädchen!» sagte Herr Brocklehurst, und setzte alsbald hinzu: «Wie ich sehe, so ist es die neue Schülerin.» Und bevor ich Atem holen konnte, sagte er weiter: «Ich darf nicht vergessen, daß ich wegen ihrer ein Wort zu sagen habe.» Sodann sprach er laut – ach! wie laut kam es mir vor! – weiter:

«Das Kind, das seine Schiefertafel zerbrochen, trete vor!»

Wäre ich mir allein überlassen geblieben, so hätte ich mich nicht rühren können; ich war ganz gelähmt: aber die zwei großen Mädchen, zwischen denen ich saß, richteten mich auf und schoben mich zu dem gefürchteten Richter hin, und dann wurde ich von Miss Temple sanft bis hart vor ihn hingeführt, wobei sie mir tröstend zuflüsterte:

«Fürchte Dich nicht, Jane, ich habe gesehen, daß es nicht absichtlich geschehen ist; Du sollst nicht bestraft werden.»

Diese freundlich geflüsterten Worte drangen in mein Herz wie Dolche.

«Noch eine Minute und sie wird mich als Heuchlerin verachten», dachte ich, und ein Anflug von Mut gegen Reed, Brocklehurst und Comp. durchzuckte meine Adern bei diesem Gedanken. Ich war keine Helen Burns.

«Man bringe den Stuhl daher», sagte Herr Brocklehurst, auf einen sehr hohen Stuhl, von dem eine Aufseherin soeben aufgestanden war, deutend. Derselbe wurde herbeigebracht.

«Man stelle das Kind auf denselben hinauf!»

Und ich wurde hinaufgestellt, von wem, weiß ich nicht: ich war nicht in der Gemütsstimmung, Einzelheiten zu merken. Ich merkte bloß, daß sie mich bis zur Höhe von Herrn Brocklehursts Nase hinaufgehißt hatten; daß Seine Ehrwürden nur einen Schritt weit von mir standen.

Herr Brocklehurst räusperte sich.

«Meine Damen», sagte er, sich zu seiner Familie wendend, «Miss Temple, Ihr Lehrerinnen und Kinder, – Sie alle sehen dieses Mädchen da?»
Natürlich sahen sie mich; denn ich fühlte, wie ihre Augen gleich Brenngläsern sich auf meine glühende Haut hefteten.
«Sie sehen, sie ist noch jung; es entgeht Ihnen nicht, daß sie die gewöhnliche Gestalt der Kindheit hat; Gott hat ihr in seiner unendlichen Gnade die Gestalt gegeben, die er uns allen gegeben; nichts besonders Entstellendes zeigt uns in ihr einen mit einem Makel behafteten Charakter. Wer würde glauben, daß der Böse an ihr bereits eine Dienerin, ein dienstwilliges Werkzeug gefunden? Und doch ist dies der Fall, wie es mir leid tut, sagen zu müssen.»
Es folgte nun eine Pause, während deren ich meine gelähmten Nerven zu stählen sowie zu fühlen begann, daß der Rubicon überschritten sei und daß die nun nicht länger zu vermeidende Prüfung standhaft bestanden werden müsse.
«Meine lieben Kinder», fuhr der Geistliche aus schwarzem Marmor mit vielem Pathos fort, «es ist dies ein trauriger, höchst trauriger Anlaß; denn es wird mir zur Pflicht, Euch zu sagen, daß dieses Mädchen, das ein Lamm Gottes sein könnte, eine kleine Verworfene ist, nicht eine von der wahren Herde, sondern offenbar ein Eindringling, eine Fremde. Ihr müßt Euch vor ihr in acht nehmen; Ihr müßt ihr Beispiel meiden, ja sogar, wenn es notwendig ist, ihrer Gesellschaft ausweichen, sie von Euren Spielen und Eurer Unterhaltung ausschließen. Lehrerinnen, Sie müssen sie strenge überwachen, alle ihre Bewegungen beobachten, ihre Worte genau abwägen, ihre Handlungen prüfen, ihren Körper strafen, um ihre arme Seele zu retten, – wenn überhaupt eine solche Rettung noch möglich: denn – meine Zunge stockt, da ich dies ausspreche – dieses Mädchen, dieses Kind, das in einem christlichen Lande geboren, ist schlimmer, denn manche kleine Heidin, die zu Brahma betet – dieses Mädchen ist – eine Lügnerin!»
Nun folgte eine Pause von zehn Minuten, während welcher ich im vollen Besitze meines Verstandes, den ganzen weiblichen Teil der Brocklehursts die Taschentücher hervorziehen und zu den Augen erheben sah: dabei bewegte die ältliche Dame sich hin und her, die beiden jüngern aber flüsterten:

«Welcher Abscheu!»
Herr Brocklehurst fuhr also fort:
«Dies habe ich von ihrer Wohltäterin erfahren; von der frommen und wohltätigen Dame, die sie als Waise an Kindesstatt annahm, sie wie eine eigene Tochter aufzog, und deren Güte, deren Edelmut das unselige Mädchen da durch eine so entsetzliche Undankbarkeit vergalt, daß am Ende ihre vortreffliche Wohltäterin sich gezwungen sah, sie von ihren eigenen Kindern zu trennen, aus Furcht, ihr schlechtes Beispiel möchte deren Reinheit beflecken: sie hat sie hierher getan, um sie heilen zu lassen, wie einst die Juden ihre Kranken in den trüben Teich von Bethseda schickten; – und Sie, Lehrerinnen, Sie, Vorsteherin, ich bitte Sie, lassen Sie nicht das Wasser um sie still stehen.»
Bei diesem erhabenen Schlusse seiner Ansprache knöpfte Herr Brocklehurst den obersten Knopf seines Oberrocks zu, murmelte einige Worte seiner Familie zu, die sich erhob; und nun segelten alle diese prächtigen Leute zum Zimmer hinaus. An der Türe sich umwendend, sagte noch mein Richter:
«Man lasse sie noch eine halbe Stunde auf diesem Stuhle stehen und während des übrigen Tages soll niemand mit ihr sprechen.»
Da stand ich nun, hoch über alle erhaben: ich, die ich gesagt hatte, ich würde die Schande, auf meinen natürlichen Füßen in der Mitte des Zimmers stehen zu müssen, nicht ertragen können, stand nun da, auf einem Schandgestell, aller Blicke ausgesetzt. Welcher Art meine Gefühle waren, vermag keine Sprache auszudrücken; aber gerade als alle aufstanden, und es mir war, als wäre mir die Kehle zugeschnürt und ich müßte nun ersticken, kam ein Mädchen heran und an mir vorbei; im Vorübergehen erhob sie ihre Augen. Welch seltsames Licht leuchtete aus denselben hervor! Welch außerordentliche Empfindung brachte dieser Strahl, indem er mich durchzuckte, in mir hervor! Wie richtete mich das neue Gefühl auf! Es war mir, als ob ein Märtyrer, ein Heros an einem Sklaven, oder einem Schlachtopfer vorüber gegangen wäre und im Vorübergehen mir Stärke und Kraft mitgeteilt hätte. Ich bemeisterte meine Schwäche, hob den Kopf in die Höhe und stellte mich fest auf den Stuhl hin. Helen Burns hatte wegen ihrer Arbeit

an Miss Smith einige unbedeutende Fragen zu machen, wurde deshalb gezankt und kehrte auf ihren Platz zurück, mich beim Vorübergehen abermals anlächelnd. Welches Lächeln! Noch jetzt habe ich dasselbe nicht vergessen, und ich weiß, daß dasselbe ein Ausfluß feinen Verstandes und wahren Mutes war; es erleuchtete ihre kräftigen Züge, ihr schmales Gesicht, ihr eingesunkenes, graues Auge, wie der Widerschein des einen Engel umgebenden Lichts. Und doch trug in diesem Augenblicke Helen Burns an ihrem Arme «das unzierliche Zeichen»; kaum eine Stunde vorher hatte sie hören müssen, wie Miss Scatcherd sie für morgen auf ein aus Brot und Wasser bestehendes Mittagessen beschränkte, weil sie eine Vorschrift mit Tinte befleckt hatte.
So beschaffen, so unvollkommen ist die Natur des Menschen! Solche Flecken finden sich auf der Scheibe des hellsten Planeten; und Augen, wie die der Miss Scatcherd, können bloß diese kleinen Mängel sehen, während sie für den vollen Glanz der großen Kugel blind sind.

George Eliot
(1819–1880)

Mary Anne Evans, die später unter dem Pseudonym George Eliot eine der berühmtesten Schriftstellerinnen Englands wurde, war die jüngste Tochter eines Landwirts. Sie verbrachte ihre Jugend in einer – wie sie selbst sagt – «ummauerten Welt» in einem kleinen Dorf. Dank der Hilfe einer Lehrerin, die auf das wißbegierige Kind aufmerksam wurde, lernte sie Fremdsprachen und wurde mit der Literatur ihrer Zeit vertraut. Als Dreißigjährige begann sie zu schreiben. Zuerst anonym, dann unter dem Decknamen George Eliot. Sie lebte unverheiratet mit dem Schriftsteller George Lewes zusammen und hatte wegen dieser «Unmoral» viele Kränkungen der Gesellschaft zu erdulden.

In ihrem Roman «Die Mühle am Fluß», dem hier ein Kapitel entnommen ist, schildert sie ein ungestümes kleines Mädchen, das immer wieder in seine Schranken gewiesen wird: Gretchen Tulliver hat viel Ähnlichkeit mit der jungen George Eliot.

George Eliot

Die bitteren Schmerzen der Kindheit

Früh am Nachmittage sollte Tom kommen, und als die ersehnte Stunde da war, sah ihm nicht mehr Gretchen allein mit klopfendem Herzen entgegen; denn soweit Frau Tulliver überhaupt lebhaft empfinden konnte, hegte sie große Zärtlichkeit für ihren Jungen. Endlich hörte man was in der Ferne, das rasche Geräusch leicht rollender Räder kam näher und näher, und trotz des Windes, welcher die Wolken am Himmel lustig jagte und alle Locken und Hutbänder zu zausen drohte, trat Frau Tulliver vor die Tür und legte vergebend und vergessend dem unartigen Gretchen die Hand auf den Kopf.

«Da ist mein lieber Junge! Aber du himmlische Güte, er hat keinen Kragen um; gewiß hat er den unterwegs verloren, und nun ist das Dutzend nicht mehr voll.»

Dabei hielt sie ihrem Sohne die offenen Arme entgegen und Gretchen hüpfte vor Freuden von einem Beine aufs andre, während Tom aus dem Wägelchen stieg und, seine Zärtlichkeit männlich zurückhaltend, sagte: «Hallo, Pap, bist du auch da?»

Indes ließ er sich willig genug abküssen, obgleich Gretchen seinen Hals so fest umklammert hielt, daß sie ihn beinahe erwürgte. Dazwischen schweiften seine blaugrauen Augen über Garten und Haus und Hof und die Lämmer und den Fluß, in welchem er gleich am andern Morgen zu fischen sich vornahm. Er war so recht ein englischer Junge, wie sie sich bei uns zu Lande überall finden, und mit zwölf oder dreizehn Jahren einander so ähnlich sehen wie junge Gänse – ein Junge mit hellbraunem Haar, Backen wie Milch und Blut, vollen Lippen, Nase und Augenbrauen noch unentschieden, kurz mit einem Gesichte, worin zunächst noch nichts weiter zu liegen scheint als der allgemeine Charakter eines Jungen, – ganz im Gegensatz zu der Physiognomie des kleinen Gretchens, welche die Natur mit der allerausgesuchtesten Absicht geformt und gefärbt zu haben schien. Aber Mutter Natur ist fein listig; sie verbirgt ihre wahre Meinung unter dem Scheine einer Offenheit, welche die Einfältigen leicht zu dem Glauben verleitet, sie durchschauten sie vollkommen, und dahinter bereitet die kluge Meisterin im stillen eine Entwicklung vor, welche all' die kühnen Prophezeiungen widerlegt. Unter diesen scheinbar gleichmäßigen jungenhaften Gesichtern, die sie dutzendweise anzufertigen scheint, verbirgt sie bisweilen den härtesten unbeugsamsten Willen, den eisernsten Charakter; und das eigensinnige, aufsässige Mädchen mit den dunklen Augen erweist sich vielleicht schließlich als ein sehr fügsames Geschöpf neben diesem Exemplar von Mannheit mit den unbestimmten Zügen und dem Gesichte von Milch und Blut.

«Gretchen», sagte Tom, indem er sie vertraulich in eine Ecke nahm, sobald die Mutter sich über seinen Koffer hergemacht hatte und es ihm selbst in der Zimmerwärme etwas behaglich geworden war – «Gretchen, du weißt nicht, was ich in der Tasche habe!» und dabei nickte er ihr mit dem Kopfe zu, um ihre Neugierde noch mehr zu reizen.

«Nein!» antwortete Gretchen. «Wie dick deine Taschen aussehen, Tom! Was ist drin. Marmel oder Nüsse?» Sie kam etwas schüchtern damit heraus, weil Tom immer sagte, mit ihr wäre nicht gut spielen, sie spiele zu schlecht.

«Marmel – nein! meine Marmel hab' ich alle einem kleinen Jungen verkauft, und Nüsse müssen frisch sein, du Dummbart. Aber guck her!» Und dabei zog er aus seiner Tasche etwas heraus.

«Was ist das?» fragte Gretchen flüsternd, «ich sehe bloß was gelbes.»

«Na, es ist ein neues – rat' mal Gretchen!»

«O, ich kann nicht raten», erwiderte Gretchen ungeduldig.

«Nur nicht gleich wieder wild, sonst zeig' ich es dir gar nicht», meinte Tom und steckte die Hand wieder fest in die Tasche.

«Nein, Tom», flehte Gretchen und faßte seinen Arm, den er steif in der Tasche hielt; «ich bin nicht ärgerlich, Tom, ich kann bloß das Raten nicht vertragen. Bitte, bitte, sei gut.»

Langsam zog Tom den Arm aus der Tasche und sagte: «Na, dann sieh!» 'S ist 'ne neue Angelleine, – zwei neue, eine für dich ganz allein, Gretchen. Ich wollte mit den Jungens nicht Halbpart machen bei dem Zuckerkant und Ingwer, ich wollte lieber das Geld sparen, und darum habe ich mich mit Gibson und Spounter schlagen müssen. Da sind die Angelhaken, sieh mal! Morgen früh wollen wir gleich in dem runden Teiche fischen, was meinst du? Und du sollst selbst fischen, Gretchen, und die Würmer anmachen und alles – das soll mal 'n Pläsier sein!»

Gretchen antwortete nicht, sie fiel Tom um den Hals und herzte ihn und legte ihre Wange an seine, ohne ein Wort zu sagen. Unterdes wickelte er die Leine etwas los und sagte nach einer Weile:

«Bin ich nicht ein guter Bruder, daß ich dir die neue Leine gekauft habe? Ich hätte es doch nicht nötig gehabt, wenn ich nicht gewollt hätte.»

«Ja wohl, recht gut, recht gut . . . o, ich habe dich auch so lieb, Tom.»

Tom hatte die Leine wieder in die Tasche gesteckt, besah sich die Angelhaken einen nach dem andern und meinte dann:

«Ich habe mich mit den Jungens schlagen müssen, weil ich nicht nachgeben wollte bei dem Zuckerkant.»

«O Tom, Tom, ihr dürft euch nicht schlagen auf der Schule. Hat's dir weh getan?»

«Weh getan? Nein», antwortete Tom, indem er zur Abwechslung ein großes Taschenmesser herauszog und langsam die größte Klinge ausmachte, die er mit dem Finger befühlte und nachdenkend betrachtete, – «mir weh getan?! Ich schlug Spouncer sein Auge blutig, das hatte er davon, daß er mich prügeln wollte; ich mache kein Halbpart, wenn mich auch einer prügelt.»

«O, wie tapfer du bist, Tom! Ganz wie Simson. Ich glaube, wenn ein brüllender Löwe auf mich zukäme, du kämpftest mit ihm – nicht wahr, Tom?»

«Wie kann ein brüllender Löwe auf dich zukommen, du kleines Närrchen? Hier gibt's keine Löwen, bloß in der Menagerie.»

«Nein, aber wenn wir im Löwenlande wären, ich meine in Afrika, wo es so heiß ist, und wo die Löwen Menschen fressen – ich kann's dir in dem Buche zeigen, da steht's drin.»

«Nun, ich ginge hin, holte mir 'ne Flinte und schösse ihn tot.»
«Aber wenn du keine Flinte hättest – wir gingen vielleicht spazieren und hätten nicht daran gedacht, vielleicht wollten wir fischen gehen, und dann käme ein Löwe auf mich losgebrüllt, und wir könnten nicht mehr weglaufen –, was fingst du dann an, Tom?»
Tom überlegte und wandte sich endlich verächtlich ab, indem er sagte: «Aber es kommt ja kein Löwe. Was hilft das Schwatzen?»
«Aber ich möchte mir gern ausdenken, wie das wohl wäre», sagte Gretchen, indem sie ihm nachging; «überleg dir nur mal, was du dann anfingst, Tom!»
«O quäl' mich nicht, Gretchen! Du sprichst immer Unsinn. Ich will zu meinen Kaninchen.»
Dem armen Gretchen wurde das Herz ganz beklommen; sie wagte nicht, ihm die traurige Kunde auf einmal mitzuteilen, sondern ging schweigend und zitternd hinter ihm her und überlegte sich, wie sie's ihm wohl am besten erzählte, so daß er sich am wenigsten darüber grämte und am wenigsten mit ihr böse würde, denn davor hatte Gretchen am meisten Angst; wenn Tom mal böse wurde, das war ganz was anderes, als bei ihr selbst.
«Tom», sagte sie schüchtern, als sie vor der Tür waren, «wieviel hast du für die Kaninchen gegeben?»
«Beinahe zwei Taler.»
«Ich glaube, ich habe oben in meiner Sparbüchse viel mehr; das soll Mutter dir geben.»
«Wozu?» meinte Tom; «ich brauche dein Geld nicht, du klein Dummbart. Meinst du, ein Junge hätte nicht immer viel mehr Geld als so'n Mädchen? Ich kriege immer Goldstücke zu Weihnachten, weil ich ein Mann bin; du kriegst bloß Silber, weil du bloß ein Mädchen bist.»
«Ja, aber, Tom – wenn Mutter mir nun zwei Taler aus meiner Sparbüchse gäbe, daß du noch mehr Kaninchen kaufen kannst?»
«Mehr Kaninchen? Ich will gar keine mehr.»
«Ach Tom – Tom, die Kaninchen sind alle gestorben.»
Tom blieb sofort stehen und wandte sich zu Gretchen.
«Du hast also vergessen, sie zu füttern, und Henrich auch?»

rief er und das Blut floß ihm ins Gesicht. «Dem Henrich soll das schlecht bekommen, der soll vom Hofe ’runter, und dich mag ich nicht mehr leiden, Gretchen. Du sollst morgen nicht mit mir angeln. Hab’ ich dir nicht ausdrücklich gesagt, du solltest jeden Tag nach den Kaninchen sehen?» – und damit ging er weiter.

«Ja, aber ich hab’s vergessen; ich konnte wirklich nicht dafür, Tom. Es tut mir so schrecklich leid», antwortete Gretchen unter strömenden Tränen.

«Du bist ein unartiges Mädchen», antwortete Tom strenge, «und es tut mir leid, daß ich dir die Fischleine gekauft habe. Ich mag dich nicht mehr leiden.»

«Ach Tom, sei nicht so grausam», schluchzte Gretchen; «ich würde dir alles vergeben, wenn du auch noch so viel vergessen hättest, ja, alles und alles, und würde dich immer lieb haben.»

«Ja wohl, du bist so’n Leichtsinn, aber ich vergesse nichts, ich niemals.»

«O bitte, bitte, Tom, vergib mir; das Herz will mir brechen», rief Gretchen unter heftigem Schluchzen, hing sich ihm an den Arm und legte ihr nasses Gesicht an seine Schulter.

Tom stieß sie unwillig zurück und stellte sich vor sie hin, indem er mit entschiedenem Tone sagte: «Nun, Gretchen, hör’ mal zu! Bin ich nicht immer gut gegen dich?»

«Ja-a-a», schluchzte Gretchen und ihr Kinn bewegte sich krampfhaft auf und nieder.

«Hab’ ich nicht das letzte Vierteljahr immer an deine Fischleine gedacht und mein Taschengeld dafür gespart und mich mit den andern Jungens geschlagen, weil ich mit dem Zuckerkant nicht Halbpart machen wollte?»

«Ja, Tom, und ich habe dich auch so lieb.»

«Aber du bist ein ungezogenes Mädchen. In den letzten Ferien hast du von meinem hübschen Schreibkasten die Farbe abgeleckt, und die Ferien vorher, als du aufpassen solltest, ob das Fährschiff nicht käme, da hast du mir das Boot in mein Netz fahren lassen, und mit deinem Kopfe bist du durch meinen Drachen gefahren, aus reinem Mutwillen.»

«Nein, gewiß nicht aus Mutwillen», heulte Gretchen, «ich habe mir nichts dabei gedacht, ich konnte nichts dafür.»

«Ja, freilich konnt'st du was dafür», antwortete Tom; «du hätt'st bedenken sollen, was du tat'st. Kurz und gut, du bist ein ungezogenes Mädchen und wir gehen morgen nicht zusammen fischen.»

Mit dieser schrecklichen Abfertigung lief Tom davon, in die Mühle hinein, um Lukas zu begrüßen und den unnützen Henrich zu verklagen.

Das arme Gretchen blieb immer noch heftig schluchzend eine Weile wie angewurzelt stehen, dann wandte sie sich um, lief ins Haus und suchte ihre Bodenkammer auf. Da sank sie zu Boden und lehnte ihren Kopf an die Wand, ganz zerschmettert von Kummer und Elend. Tom war gekommen, sie hatte geglaubt, wie glücklich sie zusammen sein würden, und nun war er so hart gegen sie. Wenn Tom sie nicht lieb hatte – was half ihr alles andre? Ach, er war sehr grausam! Hatte sie ihm nicht ihr ganzes Geld geben wollen und ihm gesagt, wie leid es ihr tue? Gegen die Mutter war sie unartig, das wußte sie wohl, aber gegen Tom niemals, wenigstens wollte sie es nie sein.

«O, wie hart er gegen mich ist!» schluchzte Gretchen laut, und der hohle Widerhall ihrer Worte auf der großen Bodenkammer machte ihr schmerzliche Freude. Heute dachte sie nicht daran, ihren Fetisch zu peinigen; sie war zu elend, um wütend zu sein. – Über die bittern Schmerzen der Kindheit! Da ist der Schmerz noch was neues und fremdes, da hat die Hoffnung noch keine Flügel, um über Tage und Wochen sich hinweg zu schwingen; da scheint die Zeit von einem Sommer zum andern noch so endlos.

Isolde Kurz
(1853–1944)

Die Tochter des Erzählers Hermann Kurz wuchs mit ihren vier Brüdern in Tübingen auf. Während die Jungen Schulen besuchten, wurde sie zu Hause von der Mutter unterrichtet. Kurze Zeit arbeitete sie in München als Übersetzerin. Dann zog sie mit ihrer Mutter zu einem in Florenz lebenden Bruder. Hier entstanden ihre «Florentiner Novellen» und die «Italienischen Erzählungen». Außerdem gab sie Gedichtsammlungen heraus. 1912, nach dem Tod ihrer Mutter, kehrte sie nach Deutschland zurück, wo sie die Ehrendoktorwürde erhielt. Sie veröffentlichte in ihren letzten Jahren ihre Lebenserinnerungen und den Roman «Vanadis, Schicksalsweg einer Frau». Die «Bedrängnisse» ihrer Jugendzeit, die sie auf den nächsten Seiten schildert, teilte sie mit zahllosen gleichaltrigen jungen Mädchen im letzten Drittel des vorigen Jahrhunderts: Heranwachsende Töchter mußten möglichst schnell «unter die Haube» gebracht werden.

Isolde Kurz
Bedrängnisse

Unter den jungen Leuten, die bei uns aus und ein gingen, hatte meine Mutter einen, den ich mit seinem Vornamen Hartmuth nennen will, mit ganz ungewöhnlicher Wärme ins Herz geschlossen, weil seine gediegenen Charaktereigenschaften und eine tiefe und dauernde Neigung für mich ihr mein Lebensglück zu verbürgen schienen. Und sie gestattete ihm, sich als zukünftigen Schwiegersohn zu betrachten, ohne sich meiner Zustimmung versichert zu haben. Das jubelnde Mutterherz fiel aus allen Himmeln, als sie sah, daß wieder einmal unsere Empfindungen meilenweit auseinandergingen. Und nun geschah das Merkwürdige und fast Unglaubliche, daß die feurige Kämpferin für alle persönliche Freiheit und Selbstbestimmung in die ihrer so heißgeliebten Tochter eingreifen und gewaltsam über ihr Geschick bestimmen wollte. Das Wohlgefallen, das dieser junge Mann ihr einflößte, brachte sie nämlich zu der seltsamen Annahme, daß ich eigentlich seine Neigung erwiderte und es nur nicht Wort haben wollte aus irgendeinem kindischen Eigensinn. Niemals war sie zu überzeugen, daß sie sich täuschte. Ich konnte keine Gründe für mein inneres Widerstreben anführen, und daß die Regungen des Herzens keine Gründe brauchen, wollte die leidenschaftliche Frau nicht einsehen. Daraus war ein peinvolles Ringen zwischen Mutter und Tochter hervorgegangen, das über fünf Jahre unter dem größten Herzeleid für beide Teile fortdauern sollte. Ich verargte es dem Manne, daß er diese Not mit ansah und sich doch auf die Mutter stützte, statt freiwillig zurückzutreten. Seine Entschuldigung: er glaubte gleichfalls, ich liebte ihn und wüßte es nicht! So fest hatte meine Mutter, deren Suggestionskraft unwiderstehlich war, sich und ihm diese Absonderlichkeit eingeredet. Und ich hatte Augenblicke, wo ich in ihrem Banne nahe daran war, es selbst zu glauben. In seiner Abwesenheit, brieflich, war ich ihm auch durchaus gewogen, nur seine persönliche Gegenwart stellte mich jedesmal vor die Unmöglichkeit einer Annäherung. In einer schwachen Stunde hatte sie mir aber das Versprechen entrungen, wenigstens kein endgültiges Nein zu sagen, sondern die Entscheidung in Anbetracht meiner allzugroßen Jugend der Zukunft zu überlassen. Das war ja für den Augenblick das bequemste, da es mich vorübergehend der Bedrängnis enthob. Und auch er war es zufrieden, denn jeder Teil hoffte, der andere würde durch die Zeit zur Einsicht kommen. Aber die Unklarheit rächte sich schwer an beiden: für mich verlängerte sie den Kampf und verdarb mir die schönsten Jahre, für ihn hatte sie die Folge, daß er ein schönes, ihm von anderer Seite entgegengebrachtes Gefühl übersah und so sein wahres Lebensglück verfehlte. Daß er später gleichwohl ohne Bitterkeit mir zugetan blieb, war das beste Zeugnis, das er seinem inneren Wert ausstellen konnte.

Da Mama glaubte, daß der viele Verkehr mit männlicher Jugend mich seelisch zersplitterte und mich verhinderte, eine Wahl zu treffen, erlaubte sie mir keine Ballbesuche mehr und hielt jetzt solche jungen Leute, die ihrem Schützling gefährlich werden konnten, vom Hause fern. Hartmuth wollte und wollte nicht begreifen. Er tauchte auf, wo ich ihn nicht erwarten konnte, und wenn ich mich auf eine Festlichkeit freute, so fand ich ihn schon mir zum Ritter bestellt, daß das Vergnügen zum Zwang wurde. Beim Vater hätte ich ja sogleich Schutz gefunden, aber ihn durfte ich um seiner Ruhe willen nichts von diesen Kämpfen ahnen lassen. Es wurden beständig kleine Verschwörungen gegen mich angezettelt, an denen sich auch Dritte beteiligten. Um mich zu bekehren, schrieb mir der schweigsame Ludwig Pfau einmal einen Brief von sechzehn Seiten, voll der aufreizendsten Derbheiten, die natürlich ihren Zweck erst recht verfehlten. Der revolutionäre Denker Pfau hielt es auf diesem Punkte mit dem rückständigen Männerschlag, für den das Weib nur als Geschlechtswesen vorhanden war und der ihr ein seelisches und geistiges Eigenleben aus tiefster Überzeugung absprach. Ich meine ihn noch zu hören, wie er mir auf einmal mit kopfschüttelnder Mißbilligung in seinem breiten Dialekt sagte: Weiber, Weiber – ihr send net für de Geischt g'schaffe. Bei diesem Standpunkt erschien ihm das Zurückweichen vor einer so treuen Neigung als Versündigung am ganzen männlichen Geschlecht, die er nicht ungerügt lassen zu dürfen glaubte. Solche rauheren Angriffe fanden mich stets gerüstet, aber der Schmerz meiner vulkanischen Mutter, die Sorge beider Eltern um meine Zukunft, die ich nicht erleichtern konnte, zerrissen mir das Herz. Und so oft Mutter, Onkels, Tanten, Freunde und Freundinnen mich fragten: Warum kannst du denn nicht? Hatte ich keine andere Antwort als: Ich kann nicht. Wie hätte ich mich anderen verständlich machen sollen, da ich mich selber nicht verstand. Hartmuth galt für einen stattlichen Mann, und ich wußte manche, die stolz und glücklich an seiner Seite geschritten wäre. Mir aber ging seine ganze Art und Weise wider den Strich. Es waren nur Äußerlichkeiten, scheinbar ganz unwesentliche Dinge, die so allverhindernd auf mich wirkten; daß sie der treffende körperliche Ausdruck für eine der meinen gänzlich fremde Geistesrichtung waren, empfand ich nur dunkel, ohne es in Worte fassen zu können. Es war dies die einzige Form, wie mein guter Genius mich vor einem verhängnisvollen Irrtum zu warnen vermochte, denn ich lebte noch viel zu unbewußt, um mir selber klar zu sagen, daß die Welt Hartmuths nimmermehr die meine sein konnte, und daß meine Entwicklung andere, weitere Kreise zu durchlaufen hatte. Auch sein vieles Hofmeistern und daß er mir all die Besonderheiten, die er an mir zu lieben glaubte, so schnell wie möglich abgewöhnen wollte, um mich recht bürgerlich hausbacken zu haben, gab meinem Bewußtsein nicht die sichere Waffe, die ich gebraucht hätte. Und die Zusammenstöße mit der Mutter fürchtete ich mehr als alles auf der Welt. Ich war also immer mehr auf der Flucht vor ihm, als daß ich mich zu einer Entscheidung gestellt hätte, bei der alle gegen mich waren. Diese seelische Unreife verursachte die Verschleppung, die ihm und mir so nachteilig wurde.

Einmal befand ich mich in Stuttgart als Gast bei nahen Verwandten und besuchte dort meine Freundin Anna Dulk, die sich in einer der meinigen gerade entgegengesetzten Lage befand, da sie soeben ihre Verlobung gegen den väterlichen Willen durchgesetzt hatte. Kaum war ich in ihrer Wohnung in der Olgastraße angekommen, so fuhr ein Wagen vor, und gleich darauf erscholl Hartmuths Stimme im Flur. Ich hatte gerade noch Zeit, mit einem Sprung in den Garderobenraum zu verschwinden, da stand er schon im Zimmer und teilte der verdutzten Anna mit, daß er nach abgelegtem letztem Examen einen festlichen Tag in der Residenz feiern wolle und daß er zu diesem Zweck einen Wagen gemietet habe, um mich mit Zustimmung meiner Mutter zu einer längeren Spazierfahrt abzuholen. Da er aber voraussehe, daß ich mich weigern würde, mit ihm allein zu fahren, bitte er um ihre Begleitung und Beihilfe zu seinem Plan. Er habe auch unterwegs meinen gleichfalls in Stuttgart befindlichen Bruder Alfred aufgetrieben und in den Wagen gesetzt, damit mir gar kein Vorwand bleibe, mich der Gesellschaft zu entziehen. – Was beginnen? Schlankweg heraustreten, ihm vor dieser Zeugin erklären, daß ich nicht den Schein einer Fessel tragen wollte, die ich in Wirklichkeit mir nicht anzulegen gesonnen war, dazu fehlte mir die nötige Schroffheit. Ich stand hinter der halboffenen Tür, von dem Besucher ungesehen, und hatte die erschrokkene Anna im Gesicht, so daß ich sie durch Zeichen bedeuten konnte, den Ankömmling so lange wie möglich hier festzuhalten. Dann schlüpfte ich hinaus und im Flug die Treppe hinunter, an dem vorgefahrenen Wagen vorbei, aus dem Alfred mich laut begrüßen wollte. Ich legte den Finger auf den Mund und glitt wie ein Schatten die Straße hinab. Mich zu verstekken, wagte ich nicht, denn ich kannte Hartmuths Beharrlichkeit, der imstande war, sich vor der Haustür meiner Verwandten aufzupflanzen und meine Rückkehr abzuwarten, sollte es auch Stunden dauern. Ich fand also keinen besseren Rat als heimzustürzen – den weiten Weg nach der Silberburgstraße zu Fuß, denn Fahrgelegenheiten gab es damals keine – und schleunigst zu erkranken. Annas Einverständnis ließ mich den nötigen Vorsprung erhoffen. Ich kam auch richtig früher als der Zweispänner an, stürmte atemlos durch das Familienzimmer nach dem Schlafgemach, warf die Kleider ab und verkroch mich ins Bett. Bestürzt folgte mir die gute Tante, um zu hören, was vorgehe, aber sie erfuhr nichts, als daß ich von einem plötzlichen Unwohlsein mit Schlafsucht befallen sei und bäte, mich ein paar Stunden ungestört schlummern zu lassen und unter keinen Umständen zu wecken. Ich entschlief auch schon mit Sprechen, und es war höchste Zeit, denn eben klingelte es, und Anna erschien, um mich zu der Spazierfahrt abzuholen. Mit dem Bescheid von meiner rätselhaften Erkrankung zog sie ab, kehrte aber gleich darauf mit den beiden anderen Insassen des Wagens zurück. Daß Alfred mir brüderliche Treue hielt und schwieg, wurde ihm von mir hoch angerechnet. Der andere aber verlangte in seiner doppelten Eigenschaft als Begünstigter der Mutter und als angehender Arzt die Patientin zu sehen. Unter dem Druck der Tante erschien diese im Familienzimmer, blaß und leidend und bereit, gleich wieder einzuschlafen. Es war an meiner Unpäßlichkeit nicht zu zweifeln, denn von dem anhaltenden Rasen ging der Puls in Sprüngen. Wäre aber Hartmuth ein besserer Seelenkenner gewesen, so hätte er aus Annas verwirrter Miene die Wahrheit ablesen müssen. Nach allerlei Vermutungen zogen die drei sich endlich zurück und setzten ihre Lustfahrt ohne mich fort. Sobald das Rollen des Wagens verhallt war, sprang ich genesen auf und gestand den ganzen Hergang. Der gute Onkel, der eine heitere poetische Ader hatte, verfaßte ein launiges Gedicht über die mißglückte Entführung und sandte es Mama als Pflaster auf die Wunde.

Das schlimmste war, daß ich überhaupt nicht wußte, was ich mit mir selber wollte. Unterkriechen wie die andern, geborgen sein um jeden Preis oder als vermögensloses Mädchen allen Stürmen preisgegeben, mit lauter brotlosen Künsten ausgestattet und gar nicht für den Lebenskampf erzogen? – Kein Wunder, daß es älteren Freunden um mich bange wurde. Es gab damals für ein Mädchen keinen Weg ins Leben als durch die Ehe und – in wunderseltenen Fällen – durch die Kunst.

Selma Lagerlöf (1858–1940)

Die Heimat der jungen Selma Lagerlöf war das Gut Mårbacka im schwedischen Värmland. Als Vierzehnjährige wurde sie vorübergehend zu Verwandten nach Stockholm geschickt; dort sollte ihr Leiden (sie litt an den Folgen einer Kinderlähmung) auskuriert werden. Daß sie Schriftstellerin werden wollte, stand schon früh für sie fest. Zuerst begann sie jedoch eine Ausbildung als Lehrerin. Als Zweiunddreißigjährige gewann sie einen Literaturpreis. Frauen aus der schwedischen Frauenbewegung unterstützten sie, als sie sich als freie Autorin selbständig machte. Ihr erster Roman «Gösta Berling» wurde 1892 ein großer Erfolg. Sie erhielt 1909 – als erste Frau – den Nobelpreis für Literatur. Neben vielen anderen Veröffentlichungen wurde ihr Kinderbuch «Die wunderbare Reise des kleinen Nils Holgersson mit den Wildgänsen» weltberühmt. Ängste, Träume und Phantasien mischen sich in dem Tagebuch, das die vierzehnjährige Selma Lagerlöf im Haus ihrer Verwandten in Stockholm zu schreiben begann …

Selma Lagerlöf

Ich bin verwandelt – und gleiche mir selbst nicht mehr

21. Januar 1873

In der Kinderstube bei Onkel Oriel, geschrieben bei Ullas kleiner Lampe

Ich möchte wohl wissen, ob Leute, die ein Tagebuch führen, auch aufschreiben, was sie träumen; dann würde ich gerne von einem merkwürdigen Traum erzählen, den ich heute nacht hatte und den ich nicht vergessen kann.

Erstens begreife ich nicht, warum ich gerade von der «Struwelliese aus dem Reisigwinkel» träumen mußte. Ich erinnere mich wohl recht gut, wie die Kindermaja meiner Schwester Gerda, als sie noch klein war, immer von einem armen Mädchen erzählte, das «Struwelliese aus dem Reisigwinkel» genannt wurde. Das Mädchen war auf der Högbergalm daheim, gerade wie Maja auch, aber sonst war sie ihr gar nicht ähnlich, sie war ebenso dumm und boshaft, wie unsere Kindermaja lieb und klug ist. Immer lief sie ungekämmt und schmutzig herum, die Haarzotteln hingen ihr ins Gesicht, denn es war nicht denkbar, daß sich so eine wie die Struwelliese vom Reisigwinkel einmal kämmen könnte, und ihre Kleider waren nichts als Lumpen. Maja sagte, sie sieht eigentlich aus, als ob sie mit dem Troll auf dem Storsnipa verwandt wäre, und sie hat nichts anderes im Kopf, als den Leuten einen Schabernack zu spielen.

Aber wenn sich Gerda an einem Morgen nicht waschen und kämmen lassen wollte, dann, sagte die Kindermaja, sitzt die Struwelliese aus dem Reisigwinkel auf dem höchsten Gipfel des Storsnipa und lacht und schreit vor lauter Freude, denn am allerliebsten sieht sie ungewaschene und ungekämmte Herrschaftskinder. Wenn Gerda an einem Abend nicht ein-

schlafen, sondern nur noch Geschichten hören wollte, dann kam die Struwelliese aus dem Reisigwinkel den Hügel heruntergesaust, um zu ihr ins Bett zu kriechen. Niemand konnte begreifen, wie eilig sie daherfegte. Sie fuhr auf einem Reisigbündel den Käglahügel herunter, und die Kieselsteine rasselten vor und hinter ihr her und sprühten Funken und dröhnten wie ein Donnerwetter. Gerda blieb nichts anderes übrig, als sich die Decke über die Ohren zu ziehen und blitzschnell einzuschlafen, um die Bettgenossin loszuwerden.
Mich aber hatte Maja nie mit der Struwelliese aus dem Reisigwinkel zu erschrecken versucht, weil ich groß und verständig war und wohl wußte, daß das alles nur ein Kinderschreck war. Aber gerade deshalb kommt es mir jetzt so sonderbar vor, daß die Struwelliese aus dem Reisigwinkel mir hierher nach Stockholm gefolgt sein soll.
Eines ist jedoch sicher, ich habe heute nacht von ihr geträumt. Ich lag auf dem hübschen kleinen, weißen geschweiften Sofa im Kinderzimmer und sah ein schmutziges, häßliches Mädchen neben mir auf der Seitenlehne des Sofas sitzen. Sie schüttelte den Kopf, daß ihre Haarzotteln nach allen Seiten flogen, und stieß mit den Beinen um sich. Ich wußte gleich, daß das die Struwelliese vom Reisigwinkel war!
Ich wurde ängstlich und böse zugleich und sagte sofort zu ihr, sie hat durchaus nichts mit mir zu tun, sie soll machen, daß sie fortkommt und sich heim nach der Högbergalm scheren. Aber in einem Nu kroch sie unter die Decke zu mir, und da wurde sie sehr schnell ganz klein, und dünn wie ein Regenwurm, und ehe ich begriff, was sie im Sinne hatte, kroch sie mir ins Ohr. Es war gräßlich, wie dieser lange Wurm in meinen Kopf hineinglitt, und ich bin mit einem lauten Schrei aufgewacht.
Im selben Augenblick begriff ich, daß ich geträumt hatte und die Struwelliese vom Reisigwinkel mir gewiß nicht nach Stockholm gefolgt war. Jedenfalls habe ich den Gedanken nicht los werden können, daß mir ein langer Wurm im Kopf herumkriecht. Und während ich halbwach in meinem Bett lag und mich die Angst vor dem Wurm nicht losließ, da überkam mich ein Gedanke mit großer Überzeugung: die Kindermaja war es, die nun die Struwelliese vom Reisigwinkel hinter mir herschickte, weil ich ihr damals das Wort aus dem Katechis-

mus vorgehalten hatte. Denn die Kindermaja ist ja auf der Högbergalm geboren, und dort hat es immer viele Hexen gegeben, die denen, auf die sie ihren bösen Blick geworfen hatten, Krankheiten und andere gefährliche Dinge zuschikken konnten. Ich will zwar nicht fest behaupten, daß die Maja einige ihrer Künste von ihnen gelernt hat, aber ich war doch nicht weit davon entfernt, es zu glauben. Sie ist natürlich böse auf mich,weil ich ihre gute Absicht mißachtet habe, und will sich nun an mir rächen. Und jetzt war ich verwandelt. Ich war nicht mehr Selma Lagerlöf, sondern ein häßliches, unartiges, dummes Mädel, eine richtige Struwelliese.

Das alles kam mir ganz richtig und natürlich vor, und ich war so voll Angst und so verzweifelt, daß ich eine gute Weile schluchzte und weinte, ehe ich wieder einschlafen konnte.

Jetzt, heute morgen, bin ich schon wieder gefaßt und lache mich selber aus, weil ich etwas so Dummes glauben konnte. Aber merkwürdig ist es doch, daß mir heute immer wieder die Struwelliese vom Reisigwinkel einfällt und ich mich frage, ob nicht doch etwas Wahres an dem Traum gewesen ist.

Es ist wohl weiter nichts als Einbildung, das begreife ich ja, aber ich bin merkwürdig empfindlich und mißtrauisch, und die Menschen gefallen mir nicht. Ich bin mit allem unzufrieden. Ja, ich bin bestimmt eine echte Struwelliese vom Reisigwinkel geworden.

Heute vormittag hat Tante Georgina mir mitgeteilt, daß sie mit Frau Oberst H. abgemacht hat (in den «Töchtern des Präsidenten*» ist der Nachname nie ausgeschrieben), daß ich dreimal in der Woche englische Stunde bei ihr haben soll, und dagegen hatte ich nichts. Als sie aber dann weiter sagte, sie hat auch mit Fräulein S. gesprochen, die mir zweimal in der Woche eine halbe Stunde Klavierunterricht geben wird, da habe ich der Tante eine sehr mürrische Antwort gegeben. Ach, ich spiele ja gar nicht gern Klavier und hatte mir eingebildet, dieser ganze Jammer mit dem Klavierunterricht wird aufhören, wenn ich in Stockholm bin. Deshalb war ich jetzt recht traurig, aber kann es nicht begreifen, daß ich Tante Georgina eine solche Antwort gab. Ich hätte ihr dankbar sein müssen,

* ein damals sehr viel gelesener Roman in Schweden

daß ich auf ihrem Klavier spielen durfte; statt dessen erklärte ich ihr, Klavierstunden sind für mich ganz überflüssig, ich habe gar kein Talent, und wenn ich erst erwachsen bin, werde ich nie mehr eine Taste anrühren. Tante Georgina sah etwas verwundert aus, antwortete aber nur, daß meine Mutter sie gebeten hat, mir eine Klavierlehrerin zu suchen.
Ja wirklich, ich war drauf und dran, ihr zu erwidern, daß meine Mutter es nicht nötig gehabt hätte, ihre Nase da hineinzustecken, hielt mich aber doch noch zurück. Aber ich muß mich immer wieder fragen, was eigentlich mit mir los ist. Das ist mir doch früher nicht vorgekommen, daß ich in dieser Weise von meiner Mutter gesprochen habe. Es ist ja, als ob ich gar nicht mehr ich selbst bin, sondern ein ganz anderes Mädchen.
Ich schreibe dies im Kinderzimmer bei Ulla Myhrmans kleiner Lampe. Es ist abends neun Uhr, und Elin und Allan sind schon ins Bett gegangen, weil die Base Elin erst neun Jahre ist und der Vetter Allan erst sieben. Kleine Kinder müssen hier in Stockholm um sieben oder halb acht Uhr schlafen gehen. Ich aber bin vierzehn und brauche nicht vor zehn ins Bett gehen.
Tante und Onkel sind bei einer Abendgesellschaft. Daniel ist heute vormittag nach Uppsala abgereist, und Ulla hat sich in Onkels Zimmer die Zeitung «Nya Dagligt Allehanda» geholt und liest eifrig. Ulla ist etwas verdrießlich, weil sie gerne «Mariage» gespielt hätte, wie wir es bei meinem Besuche hier vor fünf Jahren meist getan haben, aber ich habe es ihr abgeschlagen, weil ich Tagebuchschreiben für eine nettere Beschäftigung halte.

Samstag, 25. Januar

Im Salon bei Onkel Oriel

Es sind mehrere Tage vergangen, ohne daß ich Zeit hatte, etwas in mein Tagebuch zu schreiben. Ich muß sagen, ich habe sehr viel zu tun. Jeden Tag von zehn bis zwölf muß ich in der Gymnastik sein, drei Stunden in der Woche habe ich englischen Unterricht, und zweimal eine halbe Klavierstunde. Und die Tante ist sehr darauf aus, daß ich ordentlich übe, und sie fragt mich auch, so oft ich zu Frau Oberst H. gehe, ob ich meine Aufgaben gelernt habe.

Heute aber bin ich früher als gewöhnlich aufgestanden, damit ich etwas schreiben kann. Ich habe mich in den Salon gesetzt, denn niemand kommt jetzt vor dem Frühstück dahin. Es gefällt mir hier auch deshalb besonders, weil das Zimmer so schön ist. Wenn ich nun die Wahrheit sagen soll (und ich merke schon, es ist nicht richtig, ein Tagebuch zu führen, wenn man nicht ganz bei der Wahrheit bleibt), so hätte ich gestern abend wohl Zeit zum Schreiben gehabt, aber da war mir etwas passiert, was zu schreiben ich mich schämte.

Ich kann mich selbst einfach nicht begreifen. Es ist wirklich, als wenn ich vollständig außer Rand und Band gekommen bin und mich nicht mehr zusammennehmen kann, und das habe ich doch früher meistens gekonnt.

Jeden Abend, wenn Elin und Allan zu Bett gegangen sind, setzen sich Tante und ich in den Salon. Tante strickt einen Schal, und ich häkle einen Einsatz. Wir lesen einander nicht vor, aber Tante erzählt mir lange Geschichten von Menschen, mit denen sie in Stockholm zusammengetroffen ist, und das finde ich höchst unterhaltend.

Manchmal kommt auch Onkel Oriel in den Salon, läßt sich bei uns nieder, raucht seine lange Pfeife und liest «Nya Dagligt Allehanda». Der Onkel lacht beim Lesen manchmal vor sich hin, und dann wissen Tante und ich, daß der Redakteur Lindström etwas Boshaftes über die Liberalen gesagt hat, denn die Liberalen sind für Onkel das Schlimmste, was es gibt.

Am Donnerstag abend saß Onkel auch wieder mit bei der Lampe, aber er las nicht die Zeitung, sondern ein Buch, das zwar klein von Format, aber recht dick war. Ich fragte mich eben, was das für ein interessantes Buch sein könnte, daß Onkel darüber die Zeitung vergaß, als er aufsah und zu mir herüberschaute.

«Dieses Buch darfst du nicht lesen», sagte er. «Vergiß es aber nicht!»

Nein, ich versprach es, und dann wurde nicht mehr darüber gesprochen. Gestern früh aber, als ich mich im Eßzimmer ans

Klavier gesetzt hatte, um zu üben, kamen Onkel und Tante herein. Onkel hatte es so eilig, mit Tante zu reden, daß er gar nicht an mich dachte, die am Klavier saß und sich mit Czernys Etüden abplagte; er erzählte der Tante dann, wie ein Franzose, der Ludwig XIII. hatte ermorden wollen, im Beisein des Hofes und des Volkes auf das Rad geflochten und gefoltert worden war.

Ich blieb sitzen und spielte weiter, aber ich konnte es nicht vermeiden, einen Teil von dem zu hören, was Onkel Oriel erzählte. Das meiste verstand ich natürlich nicht, aber gerade deshalb hätte ich für mein Leben gern gewußt, wie sich alles zugetragen hatte. Das Schlimmste aber war etwas anderes. Ich brachte nämlich heraus, daß der Onkel alles gerade in dem Buch gelesen hatte, das ich nicht anrühren durfte.

Und ich hätte es auch nicht getan, nein, ich hätte es sicher nicht getan, wenn ich so recht ich selbst gewesen wäre, denn ich habe zwar viele Fehler, aber was ich verspreche, will ich möglichst auch halten.

Wenn ich um zwölf Uhr aus der Gymnastik heimkomme, muß ich eine Stunde ausruhen. Das ist Vorschrift. Ich liege meistens auf dem Sofa im Schlafzimmer; aber gestern war da Großreinemachen, und deshalb sagte Tante Georgina, der Onkel ist ausgegangen, und so kann ich mich in Onkels Zimmer auf das Sofa legen. Das tat ich, aber gerade, als ich mich ausstreckte, sah ich das kleine Buch handgreiflich nah auf dem Regal liegen. Da nahm ich das Buch und schlug es auf, denn es konnte ja kein Unrecht sein, wenn ich nachsah, was für ein Buch es war. Als ich sah, daß es ein französisches Geschichtsbuch war, dachte ich, es ist doch recht kindlich von Onkel Oriel, mir das zu verbieten, denn Weltgeschichte darf doch jeder ohne Ausnahme lesen. Ich blätterte also ein wenig in dem Buch, und gerade als ich an die Stelle mit der Tortur gekommen war, hörte ich, daß die Flurtüre ging; aber ich bin ja in diesen Tagen merkwürdig dumm, und deshalb fiel mir gar nicht ein, daß es der Onkel sein könnte, und ich las weiter. Im nächsten Augenblick jedoch stand der Onkel auf der Schwelle, und da lag ich und las in dem verbotenen Buch! So was Furchtbares ist mir, glaube ich, in meinem ganzen Leben noch nie passiert.

Ich sprang auf, legte das Buch weg und bat Onkel um Verzeihung. Ich sagte, ich bin so schrecklich neugierig gewesen, zu erfahren, was das für ein Buch ist, das ich nicht lesen darf.
Der Onkel war nicht einmal sehr böse auf mich. «Ich begreife, daß du zu den Leuten gehörst, die nicht schnaufen können, wenn sie kein Buch vor der Nase haben», sagte er. «Und von nun an soll der Schlüssel meines Bücherschranks immer im Schlosse stecken, dann kannst du Walter Scott lesen, so viel du willst, meine andern Bücher aber laß in Ruhe!»
Das war sehr freundlich von Onkel, und ich dankte ihm, so gut ich konnte. Aber doch schäme ich mich schrecklich. Ich werde rot, wenn mich Onkel ansieht, denn er kann ja nur glauben, daß ich immer so ungehorsam bin, und man sich nicht darauf verlassen kann, was ich verspreche. Er weiß aber auch nicht, daß ich verwandelt bin und mir selbst nicht mehr gleiche.

Sidonie-Gabrielle Colette (1873–1954)

Die Französin Colette (sie wurde mit ihrem Nachnamen, der im Französischen auch als Rufname gebräuchlich ist, bekannt) schrieb mit Anfang zwanzig ihre ersten Bücher: Die «Claudine» -Bände. Damals lebte sie verheiratet in Paris und erinnerte sich voller Heimweh an ihre Jugendjahre in Burgund. Ihr Leben war turbulent. Sie trat in Variétés auf, arbeitete als Journalistin, heiratete dreimal, wurde Mutter – und schrieb Romane: insgesamt mehr als vierzig. Als einzige Frau wurde sie Mitglied der belgischen Akademie, Präsidentin der Pariser Académie Goncourt – und erhielt in ihrem Heimatland ein Staatsbegräbnis mit allen Ehren.
Bereits ihre ersten Bücher erregten Aufsehen, weil sie mit dem Schulmädchen Claudine, nach Meinung der Kritiker, einen «neuen, originellen Mädchentyp» schuf. Claudine – das ist die junge Colette in ihrem Heimatdorf, im Roman «Montigny» genannt.

Colette
Claudine erwacht

Ich heiße Claudine. Ich lebe in Montigny. Hier wurde ich 1884 geboren, hier werde ich aller Voraussicht nach nicht sterben. In meinem Heimatkundebuch, «Die französischen Provinzen», heißt es: «Montigny-en-Fresnois, ein liebliches, 1950 Einwohner zählendes Städtchen, von den Ufern der Thaize im Halbrund terrassenförmig ansteigend; bemerkenswert ein wohlerhaltener Turm sarazenischen Ursprungs ...»
Auf solche Beschreibungen kann ich verzichten! Wer hat zum Beispiel je die Thaize gesehen? Niemand, und das mit gutem Grund: sie ist nicht vorhanden. Ich weiß, ich weiß, bei der Bahnübersetzung sollte sie von Rechts wegen ein paar Wiesen durchfließen, aber in Wirklichkeit reicht es dort nicht einmal für ein Spatzenfußbad, weder im Sommer noch im Winter. Auch das «terrassenförmig ansteigende Halbrund» sehe ich ganz anders. Wenn Sie mich fragen, so ist das ein Holterdiepolter von Häusern, ein Gestolper und Gepurzel hügelabwärts, vom großen weißen Schloß – es wurde unter Ludwig XV. umgebaut und ist heute schon in traurigerem Zustand als der niedrige efeuumsponnene «Turm sarazenischen Ursprungs», der von Tag zu Tag sachte an Höhe verliert – bis hinunter ins Tal, über grünes, stufenförmig abfallendes Land.
Außerdem ist Montigny gar kein Städtchen, sondern nur ein Dorf, dessen Straßen noch niemals einen Pflasterstein gesehen haben (Gott sei Dank!), sich nach jedem Regen in kleine Wildbäche verwandeln und binnen zweier Stunden wieder staubtrocken sind. Ja, Montigny ist ein Dorf, ein ziemlich reizloses obendrein, aber dennoch liebe ich es aus ganzer Seele.
Dichte, unaufhaltsam vorrückende Wälder geben unserer hügeligen Gegend (manche der Täler sind richtige Schluch-

ten!) ihren unvergleichlichen Reiz. Sie überziehen Berg und Tal, soweit das Auge reicht, grün und wellig, nur ab und zu von hellen Rasenflecken und kleinen wohlbestellten Feldern unterbrochen. Aber die zählen kaum. Die unersättlichen Wälder verschlingen alles. Darum ist dieser schöne Erdenwinkel mit seinen spärlichen, in alle Winde verstreuten Bauernhöfen auch so arm: nicht mehr rote Dächer als nötig, um mit dem grünen Samt der Bäume auf das hübscheste zu kontrastieren.
Die herrlichen Wälder! Ich kenne und liebe sie alle, ich habe sie unzählige Male durchstreift. Da ist das Unterholz, hinterlistiges Gestrüpp mit krallengleichen Zweigen, sonnendurchflutete Heimstätte der Erdbeeren, Maiglöckchen und – Schlangen. Wie oft, wenn ich zu meinen Füßen eins dieser eklen, glattkalten Tiere vorübergleiten sah, bin ich zusammengezuckt, von namenlosem Schrecken gepackt. Wie oft erstarrt, mit angehaltenem Atem, wenn meine Hand beim Blumenpflücken eine harmlose Blindschleiche berührte, die mich, spiralenförmig zusammengerollt, aus goldenen Augen unverwandt anblickte. Abenteuer über Abenteuer, ebenso furchtbar wie ungefährlich, nein, ihr werdet mich nicht vertreiben! Ich komme stets zurück, allein oder mit meinen Mitschülerinnen. Meistens allein. Diese Backfische gehen mir auf die Nerven: Oh, ich bin so müde! Au, die spitzen Dornen! Pfui, die haarigen Raupen, die garstigen, häßlichen Spinnen! (Dabei sind die Waldspinnen so hübsch anzusehen, rosig und rund wie schimmernde Perlen!). Diese Entsetzensschreie! Mit einem Wort, es ist nicht auszuhalten.
Die alten mächtigen Forste sind mir besonders teuer. Es trifft mich ins Herz, einen der Riesen fallen zu sehen, die dort ihre Äste ausbreiten. Da gibt's kein Gestrüpp, kein Unterholz. Säulengleich steht Baum an Baum. Die engen Pfade machen den Tag zur Nacht und lassen Schritt und Stimme schaurig widerhallen. Oh, wie liebe ich diese Wälder! Hier kann ich träumen, den Blick in die grüne, geheimnisvolle Ferne verloren, hier genieße ich Ruhe, kostbare Einsamkeit und jene untrennbare Angst, die mir aus Stille und fließendem Dunkel erwächst. In diesen Wäldern finden sich keine Insekten, keine hohen schwankenden Gräser. Hier ist der Boden bald fest und klingend, bald federnd-weich, vom Wasser unzähliger Quel-

len gelockert. Weißbefrackte Hasen spazieren herum. Scheue Rehe huschen vorüber, so geschwind, daß man meinen möchte, es gäbe sie nicht! Rotgoldene Fasane, dick und fett, Wildschweine (ich bin noch keinem einzigen begegnet!), Wölfe – ja, eines Spätherbsttags, als ich Bucheckern sammelte (die guten, öligen Bucheckern, die im Hals kratzen und zum Husten reizen), hörte ich einen Wolf, wirklich und wahrhaftig! Mitunter wird man in tiefem Wald von einem Gewitterregen überrascht. Dann wählt man die mächtigste Eiche in der Runde, duckt sich, wagt kaum zu atmen und lauscht im wohlig-warmen Nest dem Prasseln des Regens, der auf das Blätterdach herniederrauscht, um zögernd wieder aus dem Dunkel zu tauchen, geblendet und verloren im hellen Tageslicht.
Und die Tannenwälder! Sie sind weder dicht noch über die Maßen geheimnisvoll, doch ich liebe sie um ihres Duftes willen, ich liebe ihr Lied im Wind und das zarte, würzige Heidekraut, das in ihrem Schatten erblüht, rosa und violett. Der Weg zu ihnen führt durch einen Jungwald. Plötzlich – welch herrliche Überraschung! – steht man vor einem Weiher, glattem tiefen Spiegel, von Wäldern umrahmt, weltfern und einsam. In der Mitte, auf einem Inselchen, drängen sich die Tannen aneinander, und ein entwurzelter Stamm ist des Mutigen einzige Brücke. Drüben angelangt, macht man Feuer, ob Sommer oder Winter (warum? Weil es verboten ist!), brät Äpfel, Birnen, eine gestohlene Kartoffel, was auch immer. Im Notfall tut's ein Stück Schwarzbrot. Dann riecht es bittersüß nach Harz und Rauch, unappetitlich, wundervoll.
In diesen Wäldern habe ich zehn Jahre ziellosen Umherstreifens verlebt, zehn herrliche Jahre der Entdeckungen, Siege und Eroberungen. Eines Tages werde ich scheiden müssen, und diesen Abschied fürchte ich schon.

Vor zwei Monaten wurde ich fünfzehn. Es war ein bemerkenswerter Tag, in mehr als einer Hinsicht: erstens machte ich alle meine Röcke länger (jetzt reichen sie mir bis zu den Knöcheln!), zweitens begann man die Schule niederzureißen und drittens wurde unsere Lehrerin versetzt.
Die Verlängerung meiner Röcke war ein Gebot der Schicklich-

keit: meine Waden erregen bereits die unziemliche Aufmerksamkeit des starken Geschlechts und ließen Rückschlüsse auf mein Alter ziehen, die durchaus nicht der Wahrheit entsprachen. Die Schule war baufällig, und was die Lehrerin betrifft, die Arme (eine herzensgute, unwissende Vierzigerin, häßlich und sanft, deren Aufregung bei Ankunft des Schulinspektors keine Grenzen kannte), so benötigte Doktor Dutertre, unser Distriktskandidat, ihre Stelle, um eines seiner Protektionskinder unterzubringen. Was Dutertre recht ist, ist dem Minister billig...

Ich komme zu spät in die Schule. (Kaum verlösche ich das Licht, tanzen die Gedanken in tollem Wirbel um mich her, und der Schlaf läßt lange auf sich warten.) Mademoiselle Sergent thront am Katheder, mißbilligend und würdevoll, Direktorin von Kopf bis Fuß. Die Mädchen haben penetrant brave Mienen aufgesetzt und verharren in feierlichem Schweigen. Was ist los? Aha! Die lange Anaïs, auf ihrem Pult zusammengesunken wie ein Haufen Elend, schluchzt mit solchem Kraftaufwand, daß ihre Ohren vor Anstrengung bereits ganz blau sind. Fröhlicher Morgen in Sicht! Behutsam nehme ich meinen Platz neben der kleinen Luce ein, die mir ins Ohr flüstert: «Denk dir nur, ein ganzer Pack Liebesbriefe im Pult eines Jungen! Anaïs hat sie geschrieben, und soeben hat sie der Lehrer der Frau Direktor zum Lesen gebracht!» Tatsächlich, Mademoiselle Sergent liest sie, aber in aller Stille! Schrecklich, schrecklich! Drei Lebensjahre des guten Antonin gäbe ich ohne zögern für das Recht, diese Korrespondenz durchackern zu dürfen. Wird denn niemand die rote Schlange auf die Idee bringen, uns einige Gustostücke vorzulesen? Weh, weh, dreimal weh! Mademoiselle Sergent hat ihre Lektüre beendet. Ohne ein Wort an die lange Anaïs zu verlieren – sie ist noch immer über ihr Pult hingegossen –, steht sie feierlich auf, geht gemessenen Schrittes zum Ofen (er befindet sich in meiner allernächsten Nähe), öffnet ihn, faltet die schmachvollen Papiere zusammen, läßt sie in dessen Bauch verschwinden, steckt sie umständlich in Brand und schließt das Türchen. Dann richtet sie sich auf und sagt zu der Verbrecherin:
«Mein Kompliment, Anaïs! Sie kennen sich besser aus als so

mancher Erwachsene! Da Sie zur Reifeprüfung angemeldet sind, will ich Gnade vor Recht ergehen lassen und Sie bis dahin hierbehalten. Ich werde jedoch Ihren Eltern mitteilen, daß ich mich jeder Verantwortung für Ihre Person entledige! Schreiben Sie Ihre Arbeiten ab, Mesdemoiselles, und verschwenden Sie Ihre Aufmerksamkeit nicht an diese Unwürdige!»

Während dieses rhetorischen Kabinettstücks nehme ich mein flaches Zeichenlineal zur Hand, schiebe es – sachte, sachte – unter der Bank bis zum Ofen und stoße den kleinen Riegel vor, der die Luftzufuhr drosselt. Nein, ich kann nicht tatenlos zusehen, wie die literarischen Werke der langen Anaïs verbrennen! Lieber schreibe ich eine Strafarbeit. Doch niemand merkt etwas. Ob es mir wohl gelungen ist, die Flamme zu ersticken? Wie dem auch sei, bis Ende des Unterrichts muß ich mich gedulden. Wird es denn niemals elf Uhr werden? Ich spitze die Ohren. Das Singen des Ofens verstummt bereits nach wenigen Sekunden. Was kümmern mich die zwei Stück Stoff, die beim Waschen $^1/_{19}$ ihrer Länge und $^1/_{22}$ ihrer Breite einbüßen! Meinetwegen können sie bis zur Unkenntlichkeit zusammenschrumpfen, das ist mir egal. Mademoiselle Sergent geht zur kleinen Aimée hinüber, höchstwahrscheinlich, um den guten Spaß mit ihr zu belachen. Kaum ist sie verschwunden, hebt Anaïs den Kopf, Zielscheibe sämtlicher Blicke. Sie hat fleckige Wangen und geschwollene Augen – was hat sie sie auch so fest gerieben! – und vertieft sich unverzüglich in die Betrachtung ihres Rechenhefts. Marie Belhomme neigt sich zu ihr und sagt mit lärmender Anteilnahme: «Na, Alte, jetzt setzt's was daheim, wie? Waren die Briefe sehr arg?»

Anaïs erwidert mit überlauter Stimme, ohne sich zu rühren: «Pah! Was soll mir das schon ausmachen? Sie sind nicht von mir!»

Entrüstung. Die Mädchen werfen einander empörte Blicke zu: «Wau! Hat man schon so was gehört! Diese Lügnerin!»

Endlich läutet es. Ich hatte schon gedacht, der Unterricht würde nie ein Ende nehmen. Umständlich räume ich mein Pult zusammen und verlasse als letzte den Raum. «Wart auf mich, Anaïs, ja? Ich bin gleich wieder da.»

Ich laufe in die leere Klasse zurück, auf leisen Sohlen. Vorsichtig den Ofen aufgemacht: «Viktoria! Es gelingt mir, ihm eine Handvoll halbverkohlter Papiere zu entnehmen, mit wahrhaft mütterlicher Sorgfalt. Ober- und Unterseite des Paketes sind dahin, aber die Mitte ist ziemlich unversehrt. Mühelos erkenne ich die Schrift der langen Anaïs, berge die wertvollen Papiere in meiner Schultasche, um sie daheim in aller Ruhe auszukosten, und geselle mich wieder zu der Autorin, die einstweilen friedlich auf und ab gegangen ist. Wir setzen uns in Bewegung. Anaïs betrachtet mich verstohlen. Plötzlich bleibt sie wie angewurzelt stehen und seufzt tief auf, angstvoll und beklommen. Ihr entsetzter Blick ist auf meine Hände gerichtet: sie sind rußgeschwärzt. Soll ich sie anlügen? Kommt gar nicht in Frage. Ich schreite unverzüglich zum Angriff:
«Paßt dir vielleicht etwas nicht?»
«Du hast im Ofen gewühlt, was?»
«Klar! Du glaubst doch nicht im Ernst, daß ich mir die einmalige Gelegenheit entgehen lassen werde, deine Briefe zu lesen?»
«Sind sie verbrannt?»
«Gott sei Dank nicht. Schau her!»
Ich zeige ihr die Briefe, halte sie aber fest. Sie durchbohrt mich mit mörderischen Blicken, wagt aber nicht, auf meine Schultasche loszufahren. Durch Schaden wird man klug; sie weiß genau, daß ich sie windelweich prügeln würde. Mein Gott, sie tut mir fast leid. Trösten wir sie ein wenig!
«Paß auf: ich lese, was noch übrig ist. Dieser Versuchung kann ich beim besten Willen nicht widerstehen. Aber dann geb' ich dir deine Briefe wieder zurück. Ist das nicht ein anständiges Angebot?»
Sie traut mir nicht.
«Ehrenwort! Heute nachmittag, vor dem Unterricht!»
Was bleibt ihr übrig? Sie geht, machtlos, länger und gelber denn je.
Daheim angelangt, stürze ich mich über die Briefe. Tiefe Enttäuschung! Dieses Gemisch aus Backfischsentimentalität und praktischen Anweisungen entspricht durchaus nicht meinen Erwartungen: «Bei Mondenschein denke ich immer an dich ... vergiß nicht, nächsten Donnerstag den Strohsack mit-

zubringen, den du das letzte Mal mitgebracht hast... mehr brauche ich nicht, als daß Mama die Grasflecken auf meinem Kleid bemerkt!» Es folgen unklare Anspielungen, die den jungen Herrn wahrscheinlich an schmutzige Abenteuerchen erinnern sollen. Ja, ich bin schwer enttäuscht und werde ihr die Episteln mit Vergnügen zurückerstatten. Sie sind bei weitem nicht so unterhaltend wie Anaïs selbst in ihrer bizarren, kalten Unberechenbarkeit.

Als ich sie ihr überreichte, glaubte die lange Latte ihren Augen nicht zu trauen. Ihre Freude war so groß, daß sie mir sogar verzieh, die Briefe gelesen zu haben, die sie nach Rückerhalt sofort ins Klo stopfte. Nun zeigt ihr Gesicht wieder die alte Undurchdringlichkeit. Von Demütigung keine Spur. Beneidenswertes Wesen!

Virginia Woolf (1882–1941)

Mit sieben Geschwistern wuchs Virginia Stephen in London in einem intellektuellen Elternhaus auf. Die Sommermonate verbrachte die Familie regelmäßig in Cornwall. Als Virginia dreizehn Jahre alt war, verlor sie ihre Mutter; kurz darauf wurde sie psychisch krank und mußte lange Zeit behandelt werden. Die Zweiundzwanzigjährige zog mit ihren Geschwistern nach dem Tod des Vaters in den Londoner Stadtteil Bloomsbury und gehörte dort zu Anfang dieses Jahrhunderts zur «Bloomsbury Group»: Hier trafen sich Künstler, die das geistige Klima Londons bestimmten. 1915 veröffentlichte sie ihren ersten Roman «Die Ausfahrt». Sie heiratete den Schriftsteller Leonard Woolf und gründete mit ihm die Hogarth Press. Zu ihren bekanntesten Werken zählen «Orlando» (1928) und «Die Wellen» (1931). In dem berühmt gewordenen Essay «Ein Zimmer für sich allein» setzte sie sich für die Unabhängigkeit der schreibenden Frauen ein.
Ihre Jugenderinnerungen, die hier wiedergegeben werden, beginnen in Cornwall und enden mit dem Erlebnis, das ihr Leben entscheidend prägte: der Tod ihrer Mutter.

Virginia Woolf
Nach diesem Tag war von dieser Welt nichts mehr geblieben

Wenn das Leben ein Fundament hat, auf dem es steht, wenn es eine Schale ist, die man füllt und füllt und füllt – dann steht meine Schale zweifellos auf dieser Erinnerung: Ich liege halb schlafend, halb wach im Bett, im Kinderzimmer in St. Ives. Ich höre – hinter einem gelben Rouleau –, wie die Wellen sich, eins-zwei, eins-zwei, brechen und über den Strand hinaufschäumen, und sich dann wieder, eins-zwei, eins-zwei, brechen. Ich höre das Rouleau, das seine kleine Holzquaste an der Schnur über den Boden schleift, wenn der Wind es nach außen bauscht; ich liege und höre dieses Schäumen und sehe dieses Licht, und ich habe das Gefühl, es ist fast nicht möglich, daß ich tatsächlich hier bin, mit dem Gefühl der reinsten Ekstase, die ich mir vorstellen kann.
[...]
Wenn ich eine Malerin wäre, würde ich meine ersten Eindrücke in einem blassen Gelb, Silber und Grün malen: wie die hellgelben Rouleaus, das grüne Meer und das Silbrige der Passionsblumen. Ich würde ein halbtransparentes Rundbild malen, ein Bild mit gewölbten Blütenblättern, mit Muscheln, mit Dingen, die halb durchsichtig wären; ich würde Arabesken ohne feste Umrisse malen, durch die das Licht scheint. Alles wäre groß und verschwommen, und was zu sehen wäre, wäre gleichzeitig auch zu hören – Geräusche würden aus dieser Blüte oder jenem Blatt kommen, Geräusche, die vom Bild selbst nicht zu unterscheiden wären. Geräusch und Bild scheinen also diese ersten Eindrücke zu gleichen Teilen auszumachen. Wenn ich an die frühen Morgen im Bett denke, höre ich auch das Krächzen der Krähen aus großer Höhe herunterfallen. Das Geräusch scheint durch eine elastische, gummiartige Luft zu fallen, die es aufhält, und die verhindert, daß es scharf und deutlich wird. Die Art der Luft über Talland House schien

Geräusche aufzufangen und nur langsam heruntersinken zu lassen, als wäre sie in einem blauen, gummiartigen Schleier gefangen. Das Krächzen der Krähen gehört mit zum Sich-Brechen der Wellen – eins-zwei, eins-zwei – und dem Schäumen des Wassers, wenn sie zurückweichen, um sich dann wieder zu sammeln. Und ich lag dort, halb wachend, halb schlafend, und sog eine solche Ekstase in mich ein, wie ich sie nicht beschreiben kann.

Die nächste Erinnerung – alle diese Farb- und Geräuscherinnerungen in St. Ives gehören zusammen – war viel derber, sie war äußerst sinnlich. Sie war später. Mir wird noch jetzt heiß – als wäre alles reif, summend und sonnig, als röche ich so viele Gerüche zugleich, und alles vereint sich zu einem Ganzen und läßt mich noch jetzt innehalten – so wie ich damals innehielt, als ich zum Strand hinunterging: Ich blieb oben stehen, um auf die Gärten hinunterzuschauen. Sie lagen tiefer als der Weg. Die Äpfel hingen in Kopfhöhe. Aus den Gärten drang Bienengesumm herauf, die Äpfel waren rot und golden; auch rosa Blumen gab es dort und graue und silbrige Blätter. Das Brummen und Summen und der Duft schienen wollüstig wie gegen ein Membran zu pressen, nicht um es zu sprengen, sondern um mich mit einer solchen Verzückung zu umsummen, daß ich stehenblieb, schnupperte und schaute. Doch wiederum kann ich diese Verzückung nicht beschreiben – es war viel eher eine Verzückung als eine Ekstase.

Die Stärke dieser Bilder – doch das Schauen war damals immer sosehr mit Geräuschen verbunden, daß ‹Bild› nicht das richtige Wort ist – jedenfalls läßt mich die Stärke dieser Eindrücke wieder abschweifen. Jene Momente – im Kinderzimmer und auf dem Wege zum Strand – können noch heute realer sein als der gegenwärtige Augenblick. Das habe ich soeben überprüft. Denn ich stand auf und ging durch den Garten. Percy stach Spargel und Louie schüttelte gerade eine Matte vor der Schlafzimmertür aus.* Aber ich sah sie in der Umgebung, die mir hier eben vorschwebte: das Kinderzimmer und den Weg zum Strand. Manchmal kann ich mich noch konsequenter nach St. Ives zurückversetzen als heute

* Gärtner und Hausmädchen im Landhaus der Stephens.

morgen. Ich kann ein Stadium erreichen, wo ich Dinge so geschehen sehe, als wäre ich dort. Das bedeutet, wie ich annehme, daß mein Gedächtnis das produziert, was ich vergessen hatte; so daß es aussieht, als geschähe es unabhängig von mir, obwohl ich es doch in Wirklichkeit geschehen lasse. In gewissen günstigen Stimmungen tauchen Erinnerungen – etwas, was man vergessen hatte – wieder auf. Wenn das so ist, wäre es dann nicht auch möglich – frage ich mich oft –, daß Dinge, die wir mit großer Intensität erlebt haben, unabhängig von unserem Bewußtsein existieren, in Wirklichkeit noch immer existieren? Und wenn ja, wäre es dann nicht möglich, daß mit der Zeit eine Erfindung gemacht würde, durch die man sie verfügbar machen kann? Die Vergangenheit sehe ich als eine große breite Straße, die hinter mir liegt, ein langes Band von Szenen und Emotionen. Am Ende dieser Straße liegen noch immer der Garten und das Kinderzimmer...

Was für ein Durcheinander an Erinnerungen an meine Mutter mir so durch den Kopf gehen, wenn ich meinen Gedanken freien Lauf lasse – aber ich sehe sie immer in Gesellschaft, immer umringt, immer der Allgemeinheit gehörend, immer für alle da, allgegenwärtig, die Schöpferin dieser von Menschen wimmelnden, amüsanten Welt, die sich so fröhlich im Mittelpunkt meiner Kindheit drehte. Es ist wahr, daß ich jene Welt mit einer andern umschloß, die mein eigener Charakter sich schuf; es ist wahr, daß ich von Anfang an viele Erlebnisse außerhalb jener Welt hatte und mich oft weit von ihr entfernte und ihr vieles vorenthielt; aber da war sie immer, in dem gemeinsamen, sehr amüsanten, sehr stimulierenden und von Menschen wimmelnden Familienleben, und sie war der Mittelpunkt, sie war jene Welt. Das zeigte sich am 5. Mai 1895. Denn nach diesem Tag war von dieser Welt nichts mehr geblieben. An dem Morgen, als sie starb, lehnte ich mich aus dem Kinderzimmerfenster. Es war ungefähr sechs Uhr, glaube ich. Ich sah Dr. Seton fortgehen. Er ging mit gesenktem Kopf, die Hände auf dem Rücken verschränkt. Ich sah die Tauben niedergleiten und sich setzen. Ein Gefühl der Ruhe, der Trauer und der Endgültigkeit überkam mich. Es war ein wunderschöner, blauer Frühlingsmorgen und sehr still. Das läßt das Gefühl wieder aufleben, daß alles an sein Ende gekommen war.

[...]

Jeder von uns bekam heiße Milch mit einem Tropfen Brandy, und in Badetücher gewickelt wurden wir von George ins Schlafzimmer gebracht. Wenn ich mich recht erinnere, brannten Kerzen, und ich glaube, die Sonne schien herein. Auf alle Fälle erinnere ich mich an den langen Ankleidespiegel mit den Schubladen zu beiden Seiten und an den Waschtisch und an das große Bett, auf dem meine Mutter lag. Ich erinnere mich sogar noch deutlich, daß eine der Krankenschwestern schluchzte, während wir zum Bett geführt wurden, und ein Bedürfnis zu lachen überkam mich; und ich sagte zu mir selbst – wie ich es seitdem in Krisenmomenten oft getan habe: «Ich fühle überhaupt nichts.» Dann beugte ich mich hinüber und küßte das Gesicht meiner Mutter. Es war noch warm. Sie war erst vor einem Augenblick gestorben. Danach gingen wir nach oben ins Kinderzimmer.

Vielleicht war es am nächsten Abend, daß Stella* mich noch einmal ins Schlafzimmer nahm, um meine Mutter zum letzten Mal zu küssen. Sie hatte zuvor auf der Seite gelegen. Jetzt lag sie genau in der Mitte ihrer Kissen. Ihr Gesicht sah unendlich verschlossen, hohl und streng aus. Als ich sie küßte, war mir, als küßte ich kaltes Eisen. Wenn ich kaltes Eisen berühre, steigt dieses Gefühl seitdem immer in mir auf – ich fühle das Gesicht meiner Mutter – kaltes, körniges Eisen. Ich wich zurück. Dann streichelte Stella ihre Wange und knöpfte einen Knopf an ihrem Nachthemd auf. «So war er ihr immer am liebsten», sagte sie. Als sie später ins Kinderzimmer hinaufkam, entschuldigte sie sich bei mir. «Verzeih mir», sagte sie. «Ich habe gesehen, du hattest Angst.» Sie hatte bemerkt, daß ich zurückgeschreckt war. Als Stella mich um Verzeihung bat, daß sie mich einem solchen Schock ausgesetzt hatte, weinte ich – wir hatten mehr oder weniger schon den ganzen Tag geweint – und sagte: «Wenn ich Mutter sehe, sehe ich einen Mann bei ihr sitzen.» Stella sah mich an, als hätte ich sie zu Tode erschreckt. Habe ich das nur gesagt, um die Aufmerksamkeit auf mich zu lenken? Oder war es wirklich so? Ich bin nicht ganz sicher, denn bestimmt hatte ich ein starkes Bedürf-

* Virginias Schwester

nis, Aufmerksamkeit zu erregen. Aber es ist sicher wahr, daß ich, als sie zu mir sagte: «Verzeih mir», meine Mutter wieder vor Augen hatte und einen Mann auf dem Bettrand zu sehen schien, der sich über sie beugte.
«Es ist schön, daß sie nicht allein sein muß», sagte Stella nach einer kurzen Pause.
Die ganze Atmosphäre dieser drei, vier Tage vor dem Begräbnis war natürlich so dramatisch, theatralisch und unwirklich, daß jede Halluzination möglich war. Wir durchlebten sie in tiefem Schweigen, bei künstlichem Licht. Zimmer waren verschlossen, Leute schlichen leise hinein und hinaus, Leute kamen ständig an die Haustür. Wir saßen alle im Salon, rings um den Sessel meines Vaters, und schluchzten. Die Blumen im Vestibül verbreiteten einen schweren Duft. Sie lagen dort hoch aufgetürmt auf dem Tisch. Der Duft bringt jene Tage noch immer mit erstaunlicher Intensität zurück. Aber ich habe doch auch eine Erinnerung von großer Schönheit: Man hatte Thoby* ein Telegramm nach Clifton gesandt. Er sollte am Abend in Paddington ankommen. George* und Stella flüsterten im Vorzimmer miteinander, wer ihn abholen sollte. Zu meiner Erleichterung zerstreute Stella die Bedenken von George und sagte: «Ich glaube aber, es würde ihr guttun, mitzukommen.» So wurde ich von George und Nessa im Taxi mitgenommen, um Thoby vom Paddington Bahnhof abzuholen. Die Sonne ging gerade unter, und die große Glaskuppel am Ende des Bahnhofs strahlte in feurigem Licht. Sie war in glühendes Gelb und Rot getaucht, und die Eisenträger lagen wie ein Muster darüber. Sie beeindruckte und erregte mich zutiefst. Sie war so riesig und so feurig rot. Ich ging den Bahnsteig entlang und starrte hingerissen auf diese herrliche Farbenpracht, während der Zug langsam in den Bahnhof dampfte. Der Kontrast zwischen diesem strahlenden Licht und den verhangenen Räumen in der Hyde Park Gate war überwältigend. Zum Teil lag es auch daran, daß der Tod meiner Mutter mich plötzlich Wahrnehmungen entwickeln ließ, als hätte man ein Vergrößerungsglas über das gehalten, was im Dunkel geruht und geschlummert hatte.

* Virginias Brüder

Sigrid Undset
(1882–1949)

Die Norwegerin Sigrid Undset, Tochter eines Archäologen, interessierte sich von Kindheit an für die Geschichte des nordischen Mittelalters. Nach dem Tod ihres Vaters mußte sie aus finanziellen Gründen ihren Plan, Malerin zu werden, aufgeben. Sie arbeitete in Kristiania (dem heutigen Oslo) und Berlin als Kontoristin. Nebenbei versuchte sie, einen historischen Roman zu schreiben. Doch dieses Manuskript wurde nicht angenommen. 1907 erschien von ihr ein «Eheroman»: «Frau Marthe Oulie». Ein Jahr später bekam sie für eine Novellensammlung ein Staatsstipendium und konnte sich nun ganz dem Schreiben widmen. Ihr größter Erfolg wurde die Romantrilogie «Kristin Lavranstochter», die im Norwegen des 14. Jahrhunderts spielt. Sie wurde dafür 1928 mit dem Nobelpreis für Literatur ausgezeichnet. Nach ihrer Scheidung – Sigrid Undset war mit dem Maler Anders Svarstad verheiratet – trat sie zur katholischen Kirche über, 1940, als Hitler Norwegen besetzte, floh sie über Rußland und Japan nach Amerika. Ihre Bücher wurden in Deutschland verboten, weil sie öffentlich gegen den Nationalsozialismus Stellung genommen hatte. Sigrid Undset schildert in «Kristin Lavranstochter» im Stil der nordischen Sagas die Lebensgeschichte einer Frau. In dem hier wiedergegebenen Kapitel ist Kristin sieben Jahre alt und darf ihren Vater Lavrans zum ersten Mal auf die Alm begleiten.

Sigrid Undset

Sonderbare Begegnung

Als sie an die erste Alm kamen, ließ Lavrans alle Pferde, mit Ausnahme des Saumtieres, auf dem Anger frei laufen, und dann folgten die Leute einem steilen Fußpfad aufwärts. Es währte nicht lange, bis der Wald hier lichter wurde. Große Kiefern standen tot und weiß wie Knochengerüste in den Mooren – und nun sah Kristin nackte, graue Felsen zum Himmel aufragen. Sie stiegen weite Strecken durch Geröllfelder empor, und manchmal rann ein Bach auf dem Fußpfad, so daß der Vater sie tragen mußte. Der Wind blies kräftig und frisch dort oben, und im Heidelbeerkraut war es schwarz von Beeren, aber Lavrans sagte, sie könnten jetzt nicht stehenbleiben und pflücken. Arne* lief bald voran als erster, bald weit hinten als letzter, riß Zweige mit Beeren für Kristin ab und erzählte, wem die Almen gehörten, die sie unter sich im Walde liegen sahen – denn damals war der ganze Hövringshang mit Wald bestanden.

Und jetzt befanden sie sich unter dem letzten und nackten Felskegel und sahen den mächtigen Scheiterhaufen aus Stämmen gegen die Luft und die Wächterhütte im Schutze einer Felswand.

Als sie auf die Höhe kamen, fuhr ihnen der Wind entgegen und verfing sich in ihren Kleidern – so daß es Kristin schien, als sei er ein lebendes Wesen, das hier oben wohne und ihnen entgegenkomme und sie begrüße. Der Wind blies und flakkerte, während sie mit Arne über die bemoosten Flächen hinschritt. Die Kinder setzten sich auf einen Felsvorsprung, und Kristin starrte mit großen Augen hinaus – nie hatte sie gedacht, daß die Welt so weit und groß sei.

Weithin lagen von Wäldern zottige Berghänge unter ihr; das

* Kristins Freund

Tal war nur wie eine Senkung zwischen den mächtigen Bergen, und die Seitentäler waren noch kleiner; sie waren zahlreich, aber trotzdem sah man wenig Täler und viele Berge. Überall ragten graue Felskuppen empor, goldgeflammt von Flechten, und über dem Waldteppich und weit hinaus gegen den Himmelsrand stand das blaue Gebirge mit weißen Schneeflecken und vermischte sich für das Auge mit den graublauen und weißglänzenden Sommerwolken. Aber im Nordosten, in der Nähe – gleichsam hinter dem Almenwald –, lagen einige gewaltige steinblaue Berge mit Neuschnee auf den Hängen. Kristin konnte erkennen, daß dies die Eberberge* waren, von denen sie gehört hatte, denn sie glichen wirklich einer Schar mächtiger Eber, die bergeinwärts gingen und dem Tal die Hinterseite zuwandten. Arne sagte, es sei ein halber Tagesritt, bis man zu ihnen hingelangte.

Kristin hatte geglaubt, wenn sie nur auf die Höhe der zunächst liegenden Berge komme, so würde sie schon in eine andere Gemeinde hinuntersehen können, ähnlich ihrer eigenen mit Höfen und Herden, und es berührte sie seltsam, als sie sah, daß die Orte, wo Menschen wohnten, so weit auseinanderlagen. Sie sah die kleinen gelben und grünen Flecke unten im Grunde des Tales und die winzig kleinen Lichtungen mit grauen Häuserwürfeln in den Bergwäldern; sie fing an, sie zu zählen, aber als sie drei Dutzend gezählt hatte, konnte sie sie nicht mehr auseinanderhalten. Und trotzdem waren die Wohnstätten der Menschen wie ein Nichts in der Wildnis.

Sie wußte, daß im wilden Walde Wolf und Bär herrschten und daß unter jedem Stein Trolle und Kobolde und Elfen wohnten, und es wurde ihr angst, denn niemand kannte ihre Zahl, aber es mußten ihrer viel, viel mehr sein, als es Christenmenschen gab. Da rief sie laut nach ihrem Vater, aber er hörte sie nicht in dem Sturm da oben – er und seine Dienstleute waren gerade damit beschäftigt, große Steine auf den Gipfel zu wälzen, um mit ihnen die Stämme des Scheiterhaufens zu stützen.

Isrid** ging zu den Kindern und zeigte Kristin die westlichen

* Eberberge: Rondanegebirge
** eine Almbewohnerin

Vaageberge. Und Arne zeigte ihr das Graue Gebirge, wo die Bewohner der Täler das Renntier in Gruben fingen und die Falkenfänger des Königs in Steinhütten lebten.
Dieser Arbeit gedachte Arne selbst einmal sich zu widmen – aber dann wollte er auch lernen, die Vögel zur Jagd abzurichten –, und er hob den Arm, als schleudere er den Falken in die Luft.
Isrid schüttelte den Kopf.
«Das ist ein wüstes Leben, Arne Gyrdssohn – es würde deiner Mutter ein großer Kummer sein, wolltest du ein Falkenfänger werden. Dort kann sich kein Mann halten, ohne daß er sich mit den übelsten Menschen und mit dem, was noch schlimmer ist, gemein macht.»
Lavrans war zu ihnen getreten und hatte die letzten Worte gehört.
«Ja», sagte er, «da drüben ist wohl mehr als eine Wohnstätte, die weder Abgaben noch Zehent zahlt . . .»
«Ja, du hast wohl allerlei gesehen, Lavrans», versuchte Isrid mehr aus ihm herauszulocken. «Du gehst ja so tief ins Gebirge hinein . . .»
«Ja, ja . . .», sagte Lavrans gedehnt. «Kann sein – aber mich dünkt, man sollte nicht über so etwas reden. Man soll den Menschen, die sich den Frieden in den Tälern verscherzt haben, den Frieden gönnen, den sie im Gebirge finden können, meine ich. Habe ich doch gelbe Felder und schöne Wiesen gesehen, in Gegenden, von denen nur wenige Menschen wissen, daß sie Täler bergen – und Herden von Rindern und Kleinvieh habe ich gesehen, aber ich weiß nicht, ob sie den Menschen oder anderen Wesen gehörten . . .»
«Ja, ja», sagte Isrid. «Bär und Wolf wird die Schuld gegeben, wenn das Vieh hier auf den Almen wegkommt, aber es gibt hier im Gebirge noch schlimmere Räuber als sie.»
«Nennst du sie schlimmer?» fragte Lavrans gedankenvoll und streicht der Tochter über die Haube. «Drinnen in den Bergen, südlich unter den Eberkämmen, sah ich einmal drei kleine Knaben, und der größte war so wie Kristin hier – blondes Haar hatten sie und Pelzkittel. Sie fletschten die Zähne gegen mich wie junge Wölfe, ehe sie davonrannten und sich verbargen. Es ist wohl nicht so verwunderlich, wenn es den armen

Mann, dem sie gehörten, gelüstete, sich ein oder zwei Kühe zu holen ...»

«Oh, Junge haben auch der Wolf und der Bär», sagt Isrid böse. «Und die schonst du nicht, Lavrans, weder sie noch ihre Jungen. Obgleich sie weder Gesetz noch Christentum gelernt haben, so wie jene Missetäter, denen du so wohlwillst ...»

«Dünkt dich, ich wolle ihnen so wohl, weil ich ihnen ein wenig Besseres gönne als gerade das Allerschlimmste», sagt Lavrans und lächelt. «Aber komm jetzt, wir wollen sehen, was für eine Labung Ragnfrid* uns heute zugedacht hat.» Er nahm Kristin bei der Hand und führte sie mit sich. Und er beugte sich zu ihr hinab und sagte leise: «Ich dachte an deine drei kleinen Brüder, kleine Kristin.»

Sie schauten in die Wächterhütte hinein, die Luft war stickig dort und roch faulig. Kristin durfte sich einen Augenblick darin umsehen, es waren nur einige Erdbänke längs den Wänden, eine Feuerstätte mitten im Raume und dann noch Fässer mit Teer und einige Bündel Kienspäne und Birkenrinde. Lavrans meinte, sie sollten draußen essen, und ein wenig weiter unten fanden sie an einem Birkenhang eine schöne grüne Wiesenfläche.

Sie nahmen dem Saumtier die Last ab und streckten sich im Gras aus. Und es zeigte sich, daß Ragnfrid ihnen viel und gutes Essen mitgegeben hatte – weiches Brot und feine Fladen, Butter und Käse, Speck und luftgedörrtes Renntierfleisch, fette, gekochte Kuhbrust, zwei große Lägel mit deutschem Bier und ein kleines Fäßchen Met. Da ging es rasch ans Fleischschneiden und Austeilen, während Halvdan, der älteste der Männer, Feuer schlug – es war heimischer, hier im Walde ein Feuer zu haben.

Isrid und Arne holten Beerenkraut und Zwergbirken und warfen sie ins Feuer; es knisterte, wenn das Feuer das frische Grün von den Zweigen riß und kleine weiße, verbrannte Flocken hoch über der roten Mähne der Lohe flattern ließ; der Rauch wirbelte fett und dunkel in den klaren Himmel empor. Kristin saß da und betrachtete die Flammen; ihr schien, das Feuer sei froh darüber, hier draußen und frei zu sein und spielen zu

* Kristins Mutter

dürfen. Das war etwas anderes, als wenn es daheim auf der Feuerstätte hocken und sich mit dem Kochen plagen und ihnen die Stube erleuchten mußte.

Sie saß da und lehnte sich an den Vater, den einen Arm über seinem Knie; er gab ihr vom Besten, was da war, soviel sie haben wollte, und redete ihr zu, vom Bier zu trinken, soviel sie konnte, und fleißig den Met zu kosten.

«Sie wird so berauscht, daß sie nicht zur Alm hinuntergehen kann», sagte Halvdan und lachte, aber Lavrans fuhr ihr über die runden Wangen:

«Nun, dann sind wir Leute genug, um sie hinunterzutragen – es tut ihr gut – trink du auch, Arne – ihr seid noch im Wachsen, euch tun Gottes Gaben gut und keinen Schaden – das gibt süßes rotes Blut und guten Schlaf und weckt nicht Tollheit und Unverstand . . .»

Nun tranken auch die Männer fleißig und viel; auch Isrid verschmähte nichts, und bald klangen ihre Stimmen und das Knattern und Sausen des Feuers wie ein ferner Lärm an Kristins Ohr – ihr wurde der Kopf allmählich schwer. Sie hörte noch, daß sie Lavrans ausforschten und ihn dazu bringen wollten, zu erzählen, was er auf seinen Jagden für seltsame Dinge vernommen habe. Aber er wollte nicht viel sagen, und das gab ihr ein so sicheres und ruhiges Gefühl – und dann war sie so satt. Der Vater saß mit einem Laib weichen Gerstenbrotes in der Hand da; er formte kleine Stücke zwischen den Fingern, bis sie Pferden glichen, schnitt kleine Bissen vom Fleisch ab und setzte sie quer über die Brotpferde; dann ließ er sie über seinen Schenkel reiten und in Kristins Mund hinein. Aber bald war sie so müde, daß sie weder den Mund aufmachen noch kauen wollte – und dann fiel sie auf die Erde zurück und schlief.

Als sie wieder zu sich kam, lag sie warm und dunkel im Arm ihres Vaters – er hatte seinen Umhang um sie beide gelegt. Kristin setzte sich auf, wischte den Schweiß vom Gesicht und nahm die Haube ab, damit die Luft ihr feuchtes Haar trocknen konnte.

Es mußte schon spät am Tage sein, denn der Sonnenschein war ganz gelb und die Schatten hatten sich gestreckt und fielen nun gegen Südosten.

Es rührte sich kein Wind mehr, und Mücken und Fliegen summten und surrten um die Schar der schlafenden Menschen. Kristin saß mäuschenstill, kratzte ihre von Mücken zerstochenen Hände und blickte um sich – die Felskuppe über ihnen schimmerte weiß von Moosen und gelb von Flechten im Sonnenbrand, und der aufgerichtete Haufen von windgebrochenen Stämmen hob sich wie das Knochengerippe irgendeines seltsamen Tieres gegen den Himmel ab.
Ihr wurde allmählich ängstlich zumute – es war sonderbar, alle die Leute in dem hellen und klaren Tageslicht schlafen zu sehen. Geschah es daheim, daß sie nachts erwachte, lag sie warm und sicher im Bett, die Mutter an der einen Seite und das Webstück, das über die Balkenwand gespannt war, an der anderen. Dann wußte sie, daß Rauchloch und Türe gegen Nacht und Wetter draußen verschlossen waren und die Laute der Schlafenden von Menschen kamen, die sicher und warm zwischen Fellen und Kissen lagen. Aber alle diese Körper hier, die verrenkt und verdreht auf dem Hang rings um den kleinen weißen und schwarzen Aschenhaufen lagen, glichen Toten – einige lagen auf dem Bauch und einige auf dem Rükken, mit hochgezogenen Knien, und die Töne, die sie ausstießen, erschreckten Kristin. Der Vater schnarchte schwer, wenn aber Halvdan atmete, pfiff und winselte es in seiner Nase. Und Arne lag auf der Seite, das Gesicht im Arm versteckt und das glänzende hellbraune Haar auf dem Heidekraut ausgebreitet; er lag so still, daß Kristin fürchtete, er sei tot. Sie mußte sich vorbeugen und ihn anrühren – da drehte er sich im Schlafe ein wenig um.
Kristin mußte plötzlich denken, ob sie vielleicht einen ganzen Tag und eine ganze Nacht hindurch geschlafen hätte und sie in einem neuen Tag erwacht sei – da erschrak sie so, daß sie den Vater rüttelte, aber der grunzte nur und schlief weiter. Kristin selbst war der Kopf noch schwer, sie wagte jedoch nicht, sich wieder zum Schlafen hinzulegen. Da kroch sie zum Feuer hin und stocherte mit einem Ast darin herum – es glühte noch ein wenig. Sie zog Beerenkraut und kleine Äste an sich heran und legte sie auf das Feuer, aber sie wagte nicht über den Ring der Schlafenden hinauszugehen, um große Äste zu suchen.

Da donnerte es und dröhnte es im Boden ganz nahe – Kristin sank das Herz, und ihr wurde kalt vor Angst. Dann sah sie einen roten Körper zwischen den Bäumen, und Guldsvein brach zwischen den Zwergbirken hindurch, stand da und blickte sie mit seinen klaren, hellen Augen an. Sie wurde so froh, sprang auf und lief zu dem Hengste hin. Dort war das braune Pferd, auf dem Arne geritten war, und auch das Saumpferd. Da fühlte sie sich so geborgen und sicher; sie klopfte allen dreien die Flanken, aber Guldsvein senkte den Kopf, so daß sie hinaufreichen und ihm die Backen streicheln, ihn an seinem gelbweißen Schopf ziehen konnte – und er schnupperte mit seinem weichen Maul in ihren Händen.
Die Pferde grasten den Birkenhang hinunter, und Kristin ging mit ihnen, denn sie glaubte, daß es keine Gefahr habe, wenn sie sich nur in der Nähe von Guldsvein hielte – er war früher schon des Bären Herr geworden. Und die Blaubeeren standen hier überall so dicht, und das Kind war so durstig und hatte einen schlechten Geschmack im Munde; nach Bier gelüstete es sie jetzt nicht recht, aber die süßen, saftigen Beeren waren so gut wie Wein. Weiter entfernt auf einem Geröllfeld sah sie auch Himbeeren – da packte sie Guldsvein bei der Mähne und bat ihn schön, mit dorthin zu kommen, und der Hengst folgte geduldig dem kleinen Mädchen. Und wie sie weiter und weiter den Hang hinunterging, folgte er, wenn sie ihn rief. Die beiden anderen Pferde gingen Guldsvein nach.
Sie hörte einen Bach irgendwo in der Nähe glucksen und rieseln; da ging sie dem Laut nach, bis sie das Wasser fand, und sie legte sich auf eine große Steinplatte und wusch sich das heiße und von den Mücken zerstochene Gesicht und die Hände. Unterhalb des Steines stand das Wasser schwarz und unbeweglich stille, denn gerade gegenüber stieg eine Felswand hinter einigen kleinen Birken und Weidenbüschen steil auf – es bildete sich hier der feinste Spiegel, und Kristin beugte sich darüber und betrachtete sich selbst im Wasser, denn sie wollte sehen, ob es sich so verhielt, wie Isrid sagte, daß sie ihrem Vater gleiche.
Sie lächelte und nickte und beugte sich vor, bis ihr Haar mit dem hellen Haar um das runde und großäugige Kindergesicht, das sie im Bach erblickte, zusammentraf.

Ringsumher wuchsen Unmengen jener feinen hellroten Blumenbüschel, die Baldrian genannt werden – sie waren viel röter und schöner hier an dem Gebirgsbach als daheim längs des Flusses. Da pflückte Kristin die Blumen und band sie mit Grashalmen zusammen, bis sie sich den schönsten, buschigen, hellroten Kranz gemacht hatte. Sie drückte ihn sich auf das Haar und lief zu der stillen Stelle im Bach, um zu sehen, wie sie sich ausnahm, jetzt, da sie geschmückt war wie ein erwachsenes Mädchen, das zum Tanze gehen will.

Sie neigte sich über das Wasser und sah ihr eigenes dunkles Bild vom Grunde aufsteigen und immer klarer werden, je mehr sie sich ihm entgegenbeugte – da sah sie im Spiegel des Baches, daß ein Mensch zwischen den Birken auf der anderen Seite stand und sich ihr zuneigte. Rasch richtete sie sich auf die Knie auf und blickte hinüber. Erst schien es ihr nur, es seien die Felswand und die Bäume, die sich am Fuß der Wand zusammendrängten. Plötzlich aber wurde sie ein Gesicht zwischen dem Laub gewahr – dort drüben stand eine Frau mit weißem Antlitz, krausem, flachsgelbem Haar –, die großen hellgrauen Augen und die gespannten blaßroten Nasenflügel erinnerten an die Guldsveins. Sie war in etwas Glänzendes, Laubgrünes gekleidet, und Zweige und Äste verbargen sie bis an die volle Brust hinauf, die mit Spangen und blanken Ketten dicht behängt war.

Kristin starrte die Erscheinung an – da hob die Frau eine Hand und zeigte ihr einen Kranz aus goldenen Blumen; sie winkte damit.

Hinter sich hörte Kristin Guldsvein laut und erschrocken wiehern – sie wandte den Kopf –, der Hengst bäumte sich auf, schrie, daß es widerhallte, warf sich herum und setzte den Hang hinauf davon, daß die Erde dröhnte. Die anderen Pferde folgten – sie sprangen mitten durch das Geröllfeld hinauf, und die Steine prasselten donnernd hinunter, und Zweige und Wurzeln krachten und wurden geknickt.

Da schrie Kristin gellend laut. «Vater!» schrie sie. «Vater!» Sie sprang auf, lief den Pferden nach und wagte nicht über die Schulter zurückzublicken, kletterte im Geröllfeld bergauf, trat auf den Saum ihres Kleides und glitt ein Stück zurück, kletterte wieder hinauf und griff mit blutenden Händen zu, kroch auf wunden, aufgeschlagenen Knien, schrie zwischen ihren Rufen nach dem Vater, nach Guldsvein – während der Schweiß ihr am ganzen Körper ausbrach, ihr wie Wasser in die Augen rann, und das Herz hämmerte, als wollte es sich am Brustkorb wundschlagen; ein Schluchzen der Angst beengte ihr die Kehle.

«O Vater, o Vater!»

Da hörte sie irgendwo über sich eine Stimme. Sie sah ihn in großen Sätzen über das Geröllfeld – das helle, sonnenweiße Geröllfeld herabkommen; Zwergbirken und Espen standen still am Hang, und ihre Blätter glänzten mit kleinen Silberblitzen – der Berghang war so still und so hell, doch der Vater kam heruntergesprungen und rief ihren Namen, und Kristin brach zusammen und begriff, daß sie geborgen war.

«Sancta Maria!» Lavrans kniete neben der Tochter und zog sie an sich – er war bleich und hatte einen seltsamen Zug um den Mund, der Kristin noch mehr erschreckte; es war, als erkenne sie erst jetzt in seinem Gesicht, in wie großer Gefahr sie gewesen war.

«Kind, Kind ...», er nahm ihre blutigen Hände, sah sie an, sah den Kranz auf ihrem Haar, und berührte ihn. «Was ist das – wie bist du hierhergekommen, kleine Kristin ...»

«Ich ging mit Guldsvein», schluchzte sie dicht an ihn gedrückt. «Mir wurde angst, weil ihr alle schlieft, aber dann kam Guldsvein –. Dann stand jemand am Fluß und winkte mir ...»

«Wer winkte – war es ein Mann?»

«Nein, es war eine Frau – sie winkte mit einem Kranz aus Gold – ich glaube, es war ein Zwergenmädchen, Vater ...»

«Jesus Christus», sagte Lavrans leise und schlug über sie beide das Kreuz.

Er half ihr beim Hinaufsteigen, bis sie an die Grashalde kamen. Da hob er sie auf und trug sie. Sie hing an seinem Halse und weinte laut – konnte nicht aufhören, soviel er sie auch beruhigte.

Bald trafen sie auf die Männer und auf Isrid. Die schlug die Hände zusammen, als sie hörte, was geschehen war:

«Ja, das ist freilich das Elfenmädchen gewesen – sie hat dieses schöne Kind in den Berg locken wollen, das könnt ihr glauben ...»

«Schweig!» gebot ihr Lavrans barsch. «Wir hätten hier im Walde nicht so reden dürfen, wie wir redeten – man weiß nicht, wer unter den Steinen sitzen und jedes Wort hören kann.»

Er zog die goldene Kette unter seinem Hemd hervor und hängte sie samt dem Reliquienkranz um Kristins Hand, schob es ihr auf den bloßen Körper unter das Kleid.

«Aber ihr alle», sagte er, «mögt euren Mund wohl hüten, denn Ragnfrid darf niemals erfahren, daß das Kind sich in solcher Gefahr befunden hat.»

Nun fingen sie die Pferde ein, die in den Wald gelaufen waren, und gingen dann rasch zu der Almweide hinunter, wo die anderen Pferde waren. Dann saßen alle auf, und sie ritten hinüber zur Jörundhofalm; es war kein langer Weg.

Die Sonne wollte gerade untergehen, als sie dort anlangten; das Vieh war im Pferch, und Tordis und die Hirten waren beim Melken. Drinnen in der Hütte stand die gekochte Grütze für Lavrans und seine Leute bereit, denn die Bewohner der Alm hatten sie schon im Laufe des Tages oben bei der Wächterhütte gesehen und sie deshalb erwartet.

Da erst ließ Kristins Schluchzen nach. Sie saß auf dem Schoß des Vaters und aß Grütze und Rahm mit demselben Löffel wie er.

Lavrans wollte am nächsten Tag zu einem See tiefer drinnen in den Bergen; dort waren einige seiner Sennen mit den Stieren. Kristin hatte mitkommen sollen, aber jetzt sagte er, sie solle auf der Alm zurückbleiben: – «Und ihr müßt darauf achten, du, Tordis, und du, Isrid, daß die Türe und das Rauchloch verschlossen bleiben, bis wir wieder zurückkommen, sowohl wegen Kristin als auch wegen des kleinen ungetauften Kindes hier in der Wiege.»

Tordis war vor Schrecken so ängstlich geworden, daß sie mit dem Kleinen nicht mehr hier oben zu bleiben wagte, überdies war sie selbst seit ihrem Kindbett nicht wieder in der Kirche gewesen – sie wollte am liebsten ins Tal hinuntergehen und gleich dort bleiben. Lavrans meinte, dies dünke ihn begreiflich: sie könnte am nächsten Abend mit ihnen hinuntergehen. Er sagte, er würde an ihrer Stelle eine ältere Witwe, die auf dem Jörundhof diente, hinaufsenden.

Tordis hatte süßes, frisches Berggras unter die Felle auf der Bank gebreitet; das roch so stark und gut, und Kristin schlief beinahe schon, als der Vater ein Vaterunser und ein Ave Maria über ihr sprach.

«Ja, nun wird einige Zeit vergehen, bis ich dich wieder in die Berge mitnehme», sagte Lavrans und klopfte ihr die Wange.

Kristin wurde plötzlich munter und wach:

«Vater – darf ich auch nicht mit dir nach Süden hinunter, im Herbst, wie du versprochen hast...»

«Das werden wir noch sehen», sagte Lavrans, und gleich darauf schlief Kristin süß zwischen den Schaffellen.

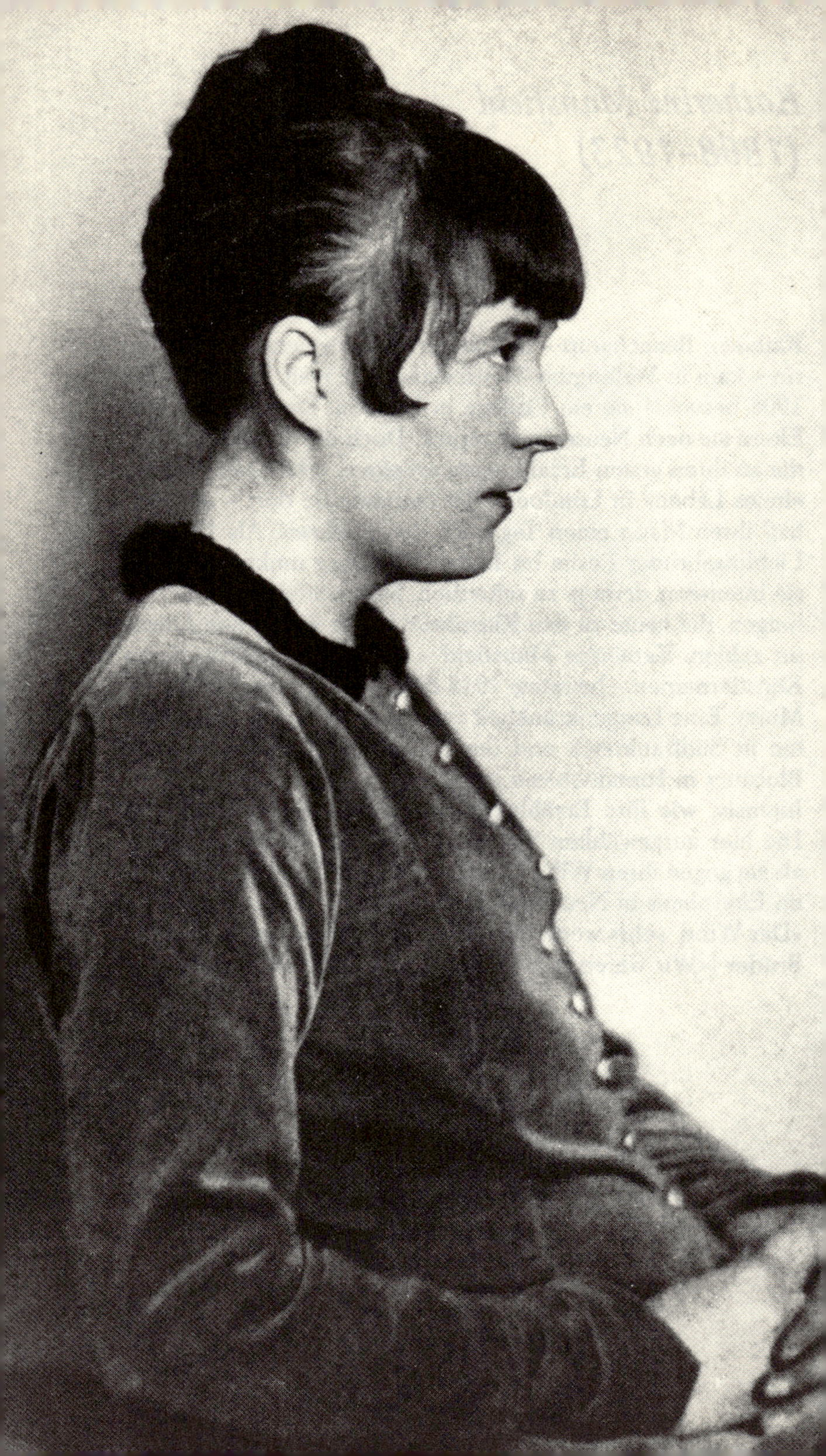

Tordis hatte süßes, frisches Berggras unter die Felle auf der Bank gebreitet; das roch so stark und gut, und Kristin schlief beinahe schon, als der Vater ein Vaterunser und ein Ave Maria über ihr sprach.
«Ja, nun wird einige Zeit vergehen, bis ich dich wieder in die Berge mitnehme», sagte Lavrans und klopfte ihr die Wange.
Kristin wurde plötzlich munter und wach:
«Vater – darf ich auch nicht mit dir nach Süden hinunter, im Herbst, wie du versprochen hast ...»
«Das werden wir noch sehen», sagte Lavrans, und gleich darauf schlief Kristin süß zwischen den Schaffellen.

Katherine Mansfield (1888–1923)

Kathleen Beauchamp – das ist der Geburtsname der Dichterin – kam in Wellington (Neuseeland) zur Welt. Von 1903 bis 1906 besuchte sie ein College in London. Dann holten ihre Eltern sie nach Neuseeland zurück. Doch die junge Kathleen, die an ihren ersten Erzählungen arbeitete, erkämpfte sich ein «freies Leben» in London. 1909 heiratete sie dort – und verließ ihren Mann einen Tag nach der Hochzeit. Als 1915 ihr Lieblingsbruder Leslie im Ersten Weltkrieg umkam, begann sie intensiver denn je zu schreiben. Sie veröffentlichte Erzählungen, die heute zu den Klassikern in der englischen Literatur zählen. Katherine Mansfield – sie gab sich selbst diesen Künstlernamen – heiratete 1918 den Kritiker John Middleton Murry. Eine Lungenkrankheit zwang sie zu langen Aufenthalten in Südfrankreich und der Schweiz. Sie starb an einem Blutsturz in Fontainebleau bei Paris.

Intensiv, wie ihre Erzählungen, sind ihre Tagebuchnotizen. Die hier ausgewählten Stellen schrieb die Neunzehnjährige, als sie gegen ihren Willen London verlassen hatte und wieder im Elternhaus in Neuseeland leben mußte. In der Erzählung «Der Wind weht» werden ihre Jugend und die Liebe zu ihrem Bruder («Wir waren fast wie *ein* Kind», sagte sie) lebendig.

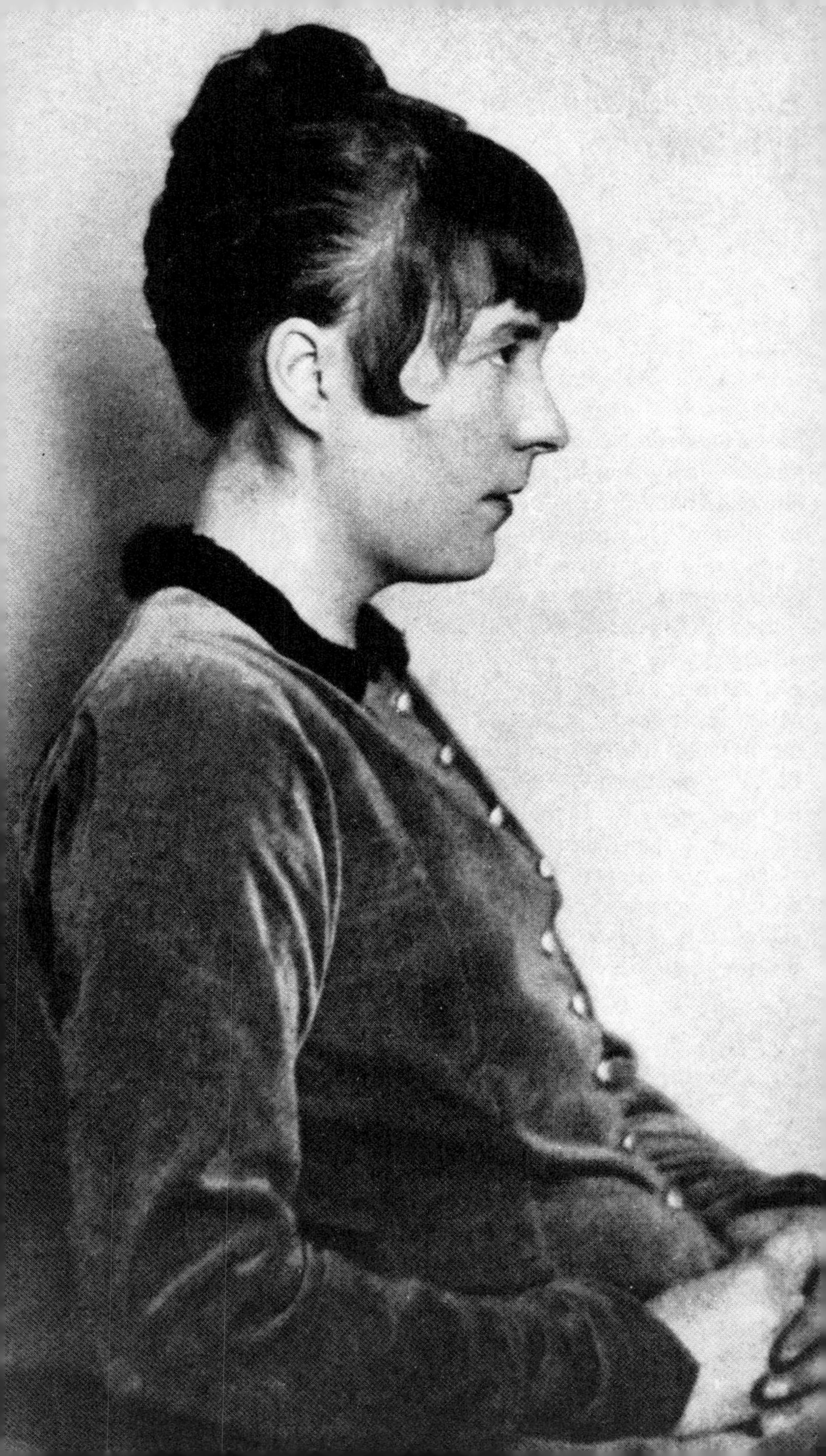

Katherine Mansfield

Der Vorhang, der die Zukunft verhüllt

2. September 1907. O laß mich ihn lüften, und sei es auch nur ein klein wenig. Immer hängt er schwer und unbeweglich vor mir – der Vorhang, der die Zukunft verhüllt. Laß mich nur eine seiner Ecken aufheben und schauen, was dahinter liegt. Dann werde ich ihn vielleicht gerne wieder fallen lassen. Alle, alle haben sie Neuseeland verlassen – meine Familie – *mein* Vater. Es mußte so kommen. Ich dachte immer: solange sie hier sind, kann ich es aushalten. Und nun – auf die eine oder andere Weise werde auch ich gehen. Ihr werdet schon sehen.

6. September. Ich habe Angst und versuche, tapfer zu sein. Dies ist die größte und schrecklichste Qual, die ich jemals durchgemacht habe. Aber ich muß Mut haben, muß ihm mutig entgegentreten, mit erhobenem Haupt, und ich muß *kämpfen,* für mein Leben, unbedingt. Hier stehe ich jedenfalls völlig, schrecklich allein. Was kann ich tun? O, was kann geschehen: Wird es der Himmel sein oder die Hölle? Ich *muß* gewinnen, aber vor allem muß ich tapfer den Konsequenzen ins Auge sehen. Es nützt nichts, mich hinter diesen Hecken und großen Steinen zu verstecken und im Schatten zu bleiben. Im vollen Licht muß ich sterben oder leben. Jetzt ist die Zeit gekommen, mich zu bewähren, die Zeit der Erfüllung meiner Philosophie und meines Wissens. Denk nur einen Augenblick daran, was es bedeutet, denke an all das, und dann mache dir nichts daraus, wenn der Feind losfeuert. Du trägst den magischen Kettenpanzer – der Glaube an den Ausgang bedeckt dich; aber bleibe fest, vernünftig und ruhig. Und lerne endlich, daß du mit einem starken Kopf in diesen Kampf ziehen mußt. Ich kann nicht länger im Schatten bleiben, obwohl der Kopf mich *schmerzt* vor Angst. Das ist die größte Krise, die

neunte Welle. Wenn sie über meinen Kopf hinwegbraust, muß ich mich erheben, das Wasser aus Augen und Haaren schütteln und hineintauchen. O, der Sieg muß mein sein. Mit beiden Händen halte ich diesen Gedanken fest. Halte dich fest, und laß die Musik schmettern und betäuben. Sie kann das Pochen meines Herzens nicht übertönen.
O, Kathleen, ich habe Mitleid mit dir, aber ich verstehe, daß sie kommen muß – diese große Wendung. Du bist immer feig bis zum allerletzten Moment, aber das ist das größte Ereignis deines Lebens. Beweise nun, daß du stark sein kannst. Liebling, ich halte deine beiden Hände, und meine Augen schauen voll in die deinen, voll Vertrauen, fest entschlossen, voll höchster Ruhe, Hoffnung und grenzenlosem Glauben. Du mußt jetzt eine Frau sein und die Seelenangst der Kreatur ertragen. Bewähre dich. Sei stark, sei gut, sei klug, und es ist dein. Verliere nicht im letzten Augenblick den Mut. Argumentiere verständig und ruhig. Sei mehr als eine Frau. Bewahre einen völlig klaren Kopf, bewahre dein Gleichgewicht!!! Überzeuge deinen Vater, daß es *la seule chose* ist. Denke an das himmlische Glück, das dein sein könnte, das nach diesem Kampf vor dir liegt. Sie warten auf dich mit ausgestreckten Händen, und mit einem *Freudenschrei* fällst du in ihre Arme – die zukünftigen Jahre. Viel Glück, mein Schatz. Ich liebe dich.

Infolge dieser Unterredung scheint provisorisch vereinbart worden zu sein, daß Katherine Anfang 1908 nach England zurückkehren dürfe. Die erste bezahlte Veröffentlichung einiger ihrer Geschichten in einem australischen Magazin, «The Native Companion», erfolgte in dieser Zeit und scheint ihren Vater beeindruckt zu haben.

1. Oktober. Ich bin voll von Ideen heute abend. Und sie müssen um jeden Preis Wurzel fassen. Ich habe genug gesehen, um meine Phantasie zu beflügeln. Ich möchte gern etwas ganz Schönes und doch Modernes und Studentenhaftes schreiben, voll von Sommer.
Wirklich, ich wollte es können, und doch bin ich gar nicht zuversichtlich. O, laß mich etwas wirklich Gutes schreiben, etwas entwerfen und ausarbeiten. Hier ist Stille und Frieden und Licht – Busch und Vögel. In der Ferne höre ich Arbeiter,

die ein Haus bauen – und die Straßenbahn macht mich halb verrückt. Laß es ein Gedicht sein ...
Und es *wird* mir gelingen. Heller Sonnenschein, jetzt. Ich bin froh. Es wird ein schöner Nachmittag werden – aber, ich bitte dich, *laß* mich schreiben.

21. Oktober. Zum Teufel mit meiner Familie! Großer Gott, was für eine langweilige Gesellschaft! Ich kann sie alle zusammen nicht ausstehen. Ich werde bestimmt nicht mehr lange hier bleiben. Gott sei's gedankt! Selbst wenn ich allein in meinem Zimmer bin, stehen sie draußen und rufen einander zu, reden über die Bestellung beim Metzger oder über die schmutzige Wäsche und – das fühle ich – richten mein Leben zugrunde. Es ist so demütigend. Und heute morgen mag ich nicht schreiben, sondern will Marie Bashkirtsheff lesen. Wenn sie aber in mein Zimmer kommen und mich *bloß* bei einem Buche antreffen, bringen mich ihre tragischen, anklagenden Blicke vollends aus der Fassung.

Der Wind weht

Plötzlich wacht sie erschrocken auf. Was ist geschehen? Etwas Schreckliches ist geschehen. Nein – nichts ist geschehen. Es ist nur der Wind, der das Haus erschüttert, an den Fenstern rattert, gegen ein Stück Eisen auf dem Dach hämmert und ihr Bett erzittern läßt. Blätter stieben am Fenster vorbei, hinauf und davon; unten in der Allee klatscht eine ganze Zeitung wie ein ausgerissener Drachen durch die Luft und fällt nieder, auf eine Tanne aufgespießt. Es ist kalt. Der Sommer ist vorbei – es ist Herbst – alles ist häßlich. Die Karren rasseln vorbei und schwanken von einer Seite auf die andere; zwei Chinesen traben eilig unter ihren Traghölzern mit den schweren Gemüsekörben dahin, und ihre Zöpfe und die blauen Kittel plustern sich im Wind. Ein weißer Hund läuft kläffend auf drei Beinen am Gartentor vorbei. Es ist alles vorbei! Was ist vorbei? Ach, alles! Und sie beginnt mit zitternden Fingern ihr Haar zu flechten und wagt es nicht, in den Spiegel zu blicken. Ihre Mutter spricht in der Halle mit der Großmutter.

«Eine zu blöde Ziege! Stell dir vor, daß sie bei solchem Wetter die Wäsche auf der Leine hängen läßt . . . Meine beste Teedecke aus Teneriffa ist restlos zerfetzt! Was ist denn das für ein merkwürdiger Geruch? Der Porridge brennt an! Meine Güte – dieser Wind!» Um zehn Uhr hat sie Klavierstunde. Beim Gedanken daran beginnt ihr der Mollsatz von Beethoven durch den Kopf zu gehen, die langen Triller, drohend wie kleine Trommelwirbel . . . Marie Swainson vom Haus nebenan läuft in den Garten, um die Chrysanthemen zu pflücken, ehe sie völlig zerzaust sind. Der Rock fliegt ihr bis zur Taille hinauf; sie versucht, ihn hinunterzuschlagen und zwischen die Beine zu klemmen, während sie sich bückt, aber es nützt nichts, er fliegt wieder hoch. Alle Büsche und Bäume tosen um sie her. Sie pflückt, so schnell sie nur kann, aber sie ist wie von Sinnen. Sie achtet nicht auf das, was sie tut – sie reißt die Pflanzen mit den Wurzeln aus und biegt und knickt sie, stampft mit dem Fuß auf und flucht.

«Um Himmels willen, laß doch die Vordertür zu! Geh ums Haus herum!» ruft jemand. Und dann hört sie Bogey: «Mutter, du wirst am Telefon verlangt! Telefon, Mutter! Es ist der Metzger!»

Wie häßlich das Leben ist – widerwärtig, einfach widerwärtig! ... Und jetzt reißt auch noch das Gummiband an ihrem Hut! Mußte es ja! Sie setzt sich die alte Schottenmütze auf und will zur Hoftür hinausschlüpfen. Aber ihre Mutter hat es gesehen.

«Matilda! Matilda! Sofort kommst zu zurück! Was hast du denn bloß auf dem Kopf? Sieht ja aus wie ein Teewärmer! Und warum hängt dir eine Strähne in die Stirn?»

«Ich kann nicht umkehren, Mutter, sonst komme ich zu spät in die Stunde!»

«Sofort kommst du!»

Aber sie kehrt nicht um, nein! Sie haßt ihre Mutter. «Geh zum Teufel!» schreit sie und läuft schon die Straße entlang. Beißender Staub kommt in Wellen, in Wolken, in großen runden Kreiseln auf sie zu und führt Strohfetzen und Häcksel und Mist mit. Aus den Bäumen in den Gärten heult es laut, und als sie am Ende der Straße vor Mr. Bullens Tor steht, kann sie das Meer ächzen hören: «Ah! ... Ah! ... Ah-h!» Aber Mr. Bullens Zimmer ist so still wie eine Höhle. Die Fenster sind geschlossen, die Markisen halb heruntergezogen, und sie hat sich nicht verspätet. Das-Mädchen-vor-ihr hat gerade erst angefangen, MacDowells ‹An einen Eisberg› zu spielen. Mr. Bullen sieht zu ihr hinüber und lächelt ein wenig.

«Setzen Sie sich!» sagt er. «Setzen Sie sich in die Sofaecke drüben, kleines Fräulein!»

Wie ulkig er ist! Er lacht einen nicht direkt aus ... doch etwas ist da ... Oh, wie friedlich es hier ist! Sie liebt dieses Zimmer. Es riecht nach Baumwollgardinen und kaltem Rauch und Chrysanthemen ... Sie stehen in einer großen Vase auf dem Kaminsims hinter der verblaßten Photographie von Rubinstein ... *à mon ami Robert Bullen* ... über dem schwarzen, glitzernden Klavier hängt die *Solitude* – eine dunkelhaarige, tragi-

sche Frau, in weiße Falten gehüllt, sitzt auf einem Felsen, die Beine übereinandergeschlagen, das Kinn in die Hand gestützt.
«Nein, nein!» sagt Mr. Bullen und beugt sich über das andere Mädchen, legt ihr die Arme über die Schultern und spielt ihr die Stelle vor. Die Dumme! Jetzt wird sie rot! Wie lächerlich!
Nun ist Das-Mädchen-vor-ihr gegangen; die Haustür fällt ins Schloß. Mr. Bullen kehrt zurück und geht sehr leise auf und ab, denn er wartet auf sie ... Wie ungewöhnlich! Ihre Finger zittern so, daß sie den Knoten ihrer Notenmappe nicht aufkriegt. Es muß am Wind liegen ... Und ihr Herz hämmert so heftig, daß sie glaubt, es müsse ihre Bluse bewegen. Mr. Bullen sagt kein Wort. Die schäbige rote Klavierbank ist lang genug für zwei. Mr. Bullen setzt sich neben sie.
«Soll ich mit den Tonleitern anfangen?» fragte sie und drückt die Hände gegeneinander. «Arpeggien hatte ich auch zu üben.»
Aber er antwortet nicht. Sie glaubt sogar, daß er sie nicht hört... doch plötzlich reicht seine kräftige Hand mit dem Ring über sie hinweg und schlägt Beethoven auf.
«Lassen Sie uns ein bißchen vom Altmeister hören!» sagt er.
Aber warum spricht er so freundlich mit ihr, so furchtbar freundlich, als hätten sie sich seit Ewigkeiten gekannt und wüßten alles voneinander?
Langsam wendet er die Seite um. Sie blickt auf seine Hand – es ist eine sehr schöne Hand, und immer sieht sie so aus, als wäre sie gerade erst gewaschen worden.
«Hier!» sagt Mr. Bullen.
Oh, die freundliche Stimme – oh, der Satz in Moll! Und nun die kleinen Trommeln ...
«Soll ich die Wiederholung spielen?»
«Ja, liebes Kind.»
Seine Stimme ist viel, viel zu freundlich. Die Viertel- und Achtelnoten tanzen auf den Notenlinien auf und ab – wie kleine schwarze Jungen auf einem Zaun. Warum ist er so ... Sie will nicht weinen – sie hat keinen Grund zu weinen ...
«Was ist denn, mein Kind?»
Mr. Bullen nimmt ihre Hände in seine Hand. Seine Schulter ist dicht neben ihrem Kopf. Sie lehnt sich ein ganz klein wenig an, die Wange auf dem nachgebenden Tweed.

«Das Leben ist so schrecklich», murmelt sie, doch sie findet es überhaupt nicht schrecklich. Er murmelt etwas von ‹warten› und ‹Zeit abwarten› und ‹so kostbar, Frau zu sein›, aber sie hört nicht. Es ist so tröstend ... ewig so ...

Plötzlich geht die Tür auf, und Marie Swainson platzt herein – viel zu früh für ihre Stunde.

«Spielen Sie das Allegretto ein bißchen schneller», sagt Mr. Bullen und steht auf und beginnt wieder auf und ab zu wandern.

«Setzen Sie sich in die Sofaecke», sagt er zu Marie.

Der Wind, der Wind! Es ist unheimlich, hier ganz allein in ihrem Zimmer zu sein. Das Bett, der Spiegel, der weiße Krug und das Waschbecken schimmern wie der Himmel draußen. Das Bett ist's, das so unheimlich aussieht: da liegt es, ist fest eingeschlafen ... Glaubt ihre Mutter wirklich auch nur einen Augenblick, daß sie all die Strümpfe stopfen wird, die da zusammengeknotet wie ein Knäuel Schlangen auf der Bettdecke liegen? Sie wird sie nicht stopfen. Nein, Mutter! Ich sehe nicht ein, warum ich ... Der Wind, der Wind! Ein komischer Rußgeruch kommt den Kamin heruntergeweht. Hat nicht jemand Gedichte an den Wind geschrieben? ... ‹Den Blättern bring ich frische Blüten und Regenschauer› ... Was für ein Unsinn!

«Bist du das, Bogey?»

«Komm mit, Matilda, zu einem Bummel rund um die Esplanade! Ich kann's nicht länger aushalten!»

«Fein! Ich zieh nur meinen Ulster an! Ist es nicht greuliches Wetter?» Bogeys Ulster ist genau der gleiche wie der ihre. Während sie den Kragen zuhakt, betrachtet sie sich im Spiegel. Ihr Gesicht ist bleich, sie haben beide die gleichen wilden Augen und heißen Lippen. Ja, sie kennen die beiden im Spiegel. Lebt wohl, ihr Lieben! Wir sind bald wieder da! «Draußen ist's besser, was?»

«Komm, hak dich ein!» sagt Bogey.

Sie können nicht schnell genug laufen. Mit gesenktem Kopf, Bein an Bein streifend, schreiten sie wie ein einziges Wesen eilig durch die Stadt, den asphaltierten Zickzackweg hinunter, wo der wilde Fenchel wächst, und zur Esplanade. Es ist däm-

merig, fängt gerade an, dunkel zu werden. Der Wind ist so stark, daß sie wie zwei alte Trunkenbolde dagegen ankämpfen müssen. All die armen kleinen Mangobäumchen auf der Esplanade sind zu Boden gebeugt.
«Komm! Komm! Laß uns nah herangehen!»
Beim Wellenbrecher drüben geht die See sehr hoch; sie ziehen ihre Mützen ab, und das Haar weht ihr über den Mund und schmeckt salzig. Die See geht so hoch, daß die Wellen sich überhaupt nicht überschlagen; sie hämmern gegen den Damm aus groben Steinen und saugen an den moosigen, tropfenden Stufen. Ein feiner Sprühnebel treibt vom Wasser bis zur Esplanade hin. Sie sind ganz mit Tropfen übersät; ihr Mund schmeckt naß und kalt.
Bogey steht im Stimmbruch. Wenn er spricht, läuft er die Tonleiter hinauf und hinunter. Es klingt komisch – es ist zum Lachen – und doch paßt es zum Wetter. Der Wind trägt ihre Stimmen fort – die Sätze fliegen wie schmale kleine Bänder davon.
«Schneller! Schneller!»
Es wird sehr dunkel. Die abgetakelten Kohlenfrachter im Hafen haben zwei Lichter – eins hoch am Mast und eins am Heck.
«Schau mal, Bogey! Schau, da drüben!»
Ein großer schwarzer Dampfer mit einer langen, wirbelnden Rauchfahne und hellen Bullaugen, mit Lichtern überall, sticht in See. Der Wind kann ihn nicht aufhalten; er durchfurcht die Wellen und steuert auf das offene Tor zu, zwischen spitzen Klippen hindurch, auf Fahrt nach … Was ihn so ungeheuer großartig und geheimnisvoll macht, sind all die Lichter … Zweie sind an Bord und lehnen sich Arm in Arm über die Reling.
« … Wer sind sie?»
« … Bruder und Schwester.»
«Schau mal, Bogey, dort liegt die Stadt! Sieht sie nicht klein aus? Das ist die Uhr auf dem Postamt, die zum letztenmal schlägt. Und dort ist die Esplanade, wo wir an dem Tag, als es so windig war, spazierengingen. Erinnerst du dich? An jenem Tag hatte ich in der Klavierstunde geweint – vor so vielen Jahren! Leb wohl, kleine Insel, leb wohl! …»

Jetzt streckt die Finsternis eine Schwinge über das stürmische Wasser. Sie können die zwei nicht mehr sehen. Lebt wohl, lebt wohl! Vergeßt nicht! . . . Aber das Schiff ist fort. Der Wind – der Wind!

Carson McCullers (1917–1967)

Die Amerikanerin Lula Carson Smith, geboren in Columbus (Georgia), ging mit siebzehn Jahren nach New York, um Musik zu studieren. Doch statt dessen belegte sie Kurse an der Columbia-Universität in «kreativem Schreiben» und erregte Aufsehen mit ihrer ersten Veröffentlichung, der Erzählung «Wunderkind». Ein noch größerer Erfolg wurde ihr erster Roman «Das Herz ist ein einsamer Jäger» (1940). Mit ihrem Mann Reeves McCullers lebte sie in New York und Paris. Nach außen hin machte sie eine glänzende Karriere. «Frankie», ihr bekanntestes Buch, erschien 1946 und wurde auch als Film und Theaterstück ein großer Erfolg. Sie schildert darin – das Thema greift sie immer wieder auf – ein Mädchen an der Schwelle zum Erwachsensein.

Mit gerade erst dreiundzwanzig Jahren erlitt Carson McCullers einen Schlaganfall; sie blieb teilweise gelähmt. Doch trotz ihrer Krankheit nahm sie Einladungen zu Reisen an und erlebte 1966, ein Jahr vor ihrem Tod, noch mit, wie ihr Erstlingsroman «Das Herz ist ein einsamer Jäger» verfilmt wurde.

Der «Sommer voller Angst», den die zwölfjährige Frankie erlebt, spielt in Carson McCullers Heimatort.

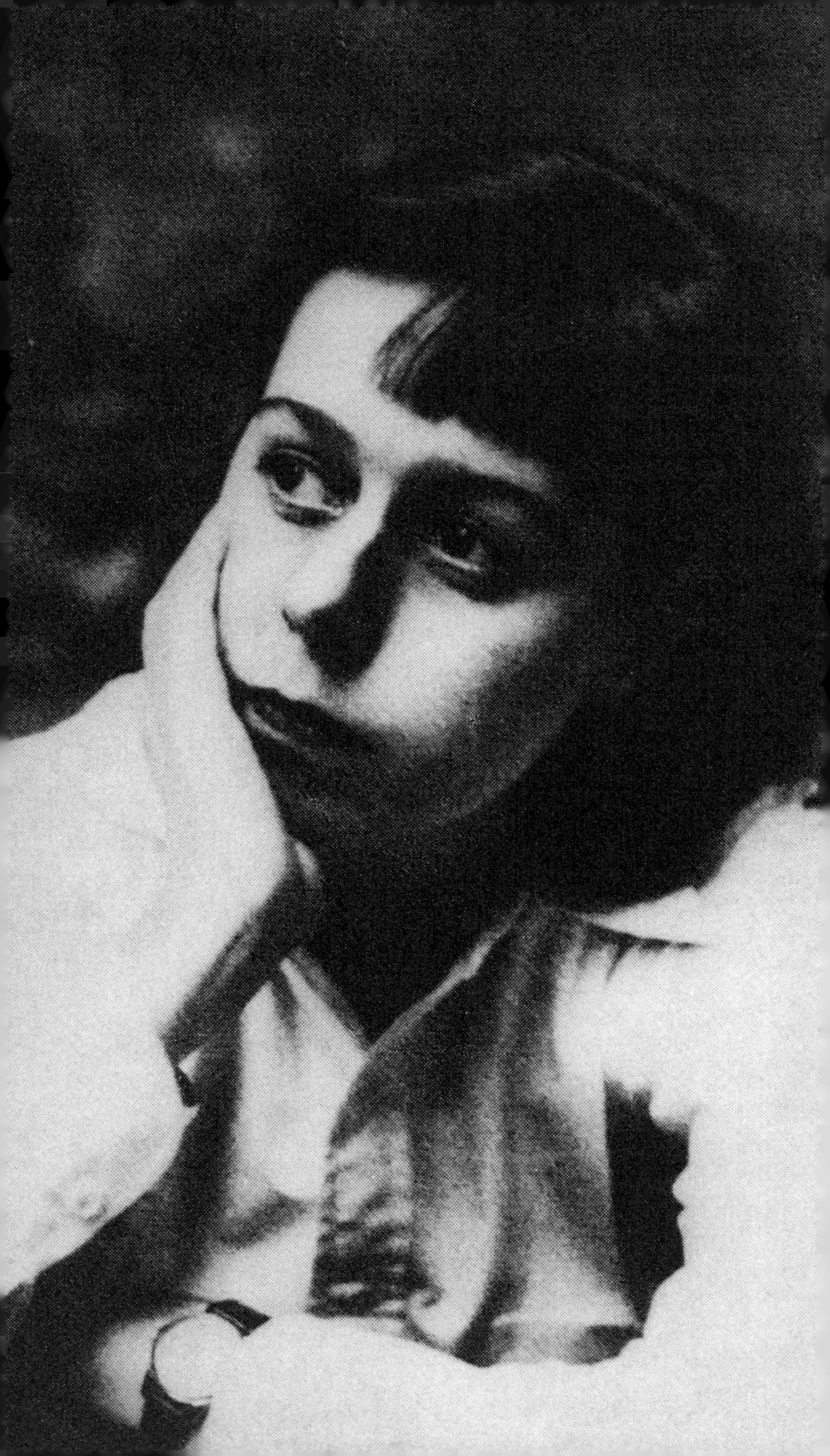

Carson McCullers

Der ganze Sommer war voller Angst gewesen

Sie stand vorm Spiegel und hatte Angst. Der ganze Sommer war voller Angst gewesen für Frankie; und eine bestimmte Angst konnte sie sogar in Ziffern aufs Papier schreiben. Sie war in diesem August zwölf Jahre und zehn Monate alt geworden. Sie war 1,67 m groß und trug Schuhgröße 40. Im vergangen Jahr war sie 10 cm gewachsen; wenigstens kam es ihr so vor. Die frechen Straßenkinder riefen schon hinter ihr her: «Ist es sehr kalt da oben?» Und die Bemerkungen der Erwachsenen waren wahre Peitschenschläge für sie. Selbst wenn sie mit achtzehn Jahren aufhören würde zu wachsen, hatte sie immer noch fünf Jahre und zwei Monate zum Wachsen vor sich. Das bedeutete, daß sie dann nach Adam Riese 2,74 m sein würde, wenn es ihr nicht irgendwie gelang, ihr Wachstum zu verlangsamen. Und was würde eine Dame von 2,74 m sein? Eine Abnormität! –

Jeden Herbst, Anfang Oktober kam die ‹Große Ausstellung› aus Chattahoochee zum Jahrmarkt in die Stadt und dauerte eine ganze Woche. Es gab dann das Große Rad, die Riesenschaukel, den Spiegelpalast und außerdem die Bude mit den Abnormitäten – ein kleiner Pavillon mit zwei Reihen von Kabinen im Innern. Man zahlte einen Vierteldollar Eintritt für den großen Saal und konnte sich dann jede Abnormität einzeln in ihrer Kabine ansehen. Frankie hatte sie letzten Oktober samt und sonders gesehen:

den Riesen
die Dicke Frau
den Zwerg
den Schwarzen Wilden
den Spitzkopf
den Alligatormenschen
den Hermaphroditen.

Der Riese war über 2,50 m groß. Er hatte gewaltige Schlotterhände und ein fliehendes Kinn. Die ‹dicke Frau› saß in ihrem Stuhl und rollte und knetete ihre Fettmassen wie Teig mit den Händen. Dann kam der Zwerg, der in einem bunten Fräckchen herumstolzierte. Der ‹schwarze Wilde› stammte von einer fernen Insel. Er saß zwischen Knochen und Palmblättern in seiner Kabine und fraß lebendige Ratten. Wer Ratten mitbrachte, hatte freien Eintritt; verschiedene Kinder brachten auch wirklich welche an in Säcken oder Schuhschachteln. Der ‹schwarze Wilde› zerschlug den Ratten die Köpfe auf seinem Knie, zog ihnen das Fell ab, biß knirschend in das rohe Fleisch und rollte dazu mit den Augen. Einige behaupteten, er wäre gar kein echter Wilder, sondern bloß ein verrückter Neger aus Selma. Jedenfalls sah Frankie ihm nicht lange zu; sie drängte sich durch die Menge, um den ‹Spitzkopf› zu sehen, vor dessen Kabine John Henry den ganzen Nachmittag stehen blieb. Das kleine Geschöpf sprang herum und kicherte, und sein verschrumpftes Köpfchen war nicht viel größer als eine Orange. Es war vollkommen kahl rasiert; nur auf der Spitze war eine lange Locke stehengeblieben, die man mit einer rosa Schleife verziert hatte. Am meisten drängten sich die Leute vor der letzten Kabine, wo der Hermaphrodit wohnte, ein wissenschaftliches Wunder. Er bestand aus zwei ganz verschiedenen Hälften; die linke war ein Mann, die rechte eine Frau. Links trug das Wesen ein Leopardenfell, rechts einen Büstenhalter und ein Flitterröckchen. Die eine Gesichtshälfte trug einen dunklen Bart, die andere war geschminkt und gepudert. Die beiden Augen waren traurig und sonderbar. Frankie hatte sich alle Kabinen genau angesehen. Die Abnormitäten machten ihr Angst. Sie hatte das Gefühl, als ob alle ganz besonders sie anblickten auf eine unheimlich vertrauliche Weise, als wollten sie ihr zu verstehen geben: wir kennen dich.

Wunderkind

Sie trat ins Wohnzimmer: die Notentasche klatschte gegen ihre in Winterstrümpfen steckenden Beine; der rechte Arm wurde durch die Schulbücher nach unten gezogen. So stand sie einen Augenblick und lauschte auf die Klänge aus dem Studio. Eine weiche Folge von Klavierakkorden und das Stimmen einer Geige. Dann rief ihr Mr. Bilderbach mit einer dikken, kehligen Stimme zu: «Bist du's, Bienchen?»

Als sie mit einem Ruck die Fäustlinge auszog, sah sie, daß ihre Finger noch im gleichen Rhythmus wie die Fuge zuckten, an der sie heute morgen gearbeitet hatte. «Ja», antwortete sie. «Ich bin's.» «Nur einen Augenblick!»

Sie hörte Mr. Lafkowitz sprechen – seine Worte spulten sich wie ein seidiges, unverständliches Gesumm ab. Eine Stimme fast wie die einer Frau, dachte sie, wenn man sie mit der Mr. Bilderbachs verglich. Dann wurde ihre Aufmerksamkeit durch ihre Unrast abgelenkt. Sie fummelte mit dem Geometriebuch und der *Voyage de Monsieur Perrichon* herum, ehe sie beides auf den Tisch legte. Sie setzte sich aufs Sofa und begann ihre Noten aus der Tasche zu nehmen. Wieder sah sie ihre Hände, die zitternden Sehnen, die von den Knöcheln nach unten strebten, und den schlimmen Finger mit dem aufbröselnden, schmutzigen Verband. Der Anblick verstärkte noch die Furcht, die sie während der letzten paar Monate gequält hatte.

Lautlos flüsterte sie sich ein paar aufmunternde Redensarten zu. Eine gute Lektion . . . eine gute Lektion, wie früher . . . Ihre Lippen schlossen sich, als sie das schwerfällige Geräusch von Mr. Bilderbachs Schritten auf dem Fußboden des Studios und das Quietschen der Tür vernahm, die auf die Seite glitt.

Einen Augenblick hatte sie das seltsame Gefühl, als habe sie während des größten Teils von all den fünfzehn Jahren ihres Lebens nur auf das Gesicht und auf die Schultern geblickt, die hinter der Tür hervorstachen – und immer in einer Stille, die nur durch das gedämpfte, ausdruckslose Zupfen einer Geigensaite unterbrochen wurde, Mr. Bilderbach. Ihr Lehrer, Mr. Bilderbach. Flinke Augen hinter den Rändern der Hornbrille, lichtes, dünnes Haar, und darunter ein schmales Gesicht; die Lippen voll und nur halb geschlossen, die Unterlippe vom ständigen Draufbeißen rosig und feucht schimmernd; die sich verästelnden Adern an seinen Schläfen so deutlich pulsierend, daß man es durchs ganze Zimmer beobachten konnte.

«Kommst du nicht ein bißchen zu früh?» fragte er und blickte auf die Kaminuhr, die seit einem Monat auf fünf Minuten vor zwölf zeigte. «Josef ist bei mir. Wir spielen gerade eine kleine Sonatine von jemand durch, den er kennt.»

«Gut», sagte sie und versuchte zu lächeln. «Ich höre zu.» In Gedanken sah sie ihre Finger, die kraftlos in einem Gewirr von Klaviertasten versanken. Sie spürte ihre Müdigkeit und dachte, wenn er sie noch länger ansähe, würden ihre Hände vielleicht zu zittern anfangen.

Unentschlossen stand er da, noch halb im Zimmer. Seine Zähne fuhren heftig in die glänzende, geschwollene Unterlippe. «Hungrig, Bienchen?» fragte er. «Es ist Apfelkuchen da, den Anna gebacken hat, und Milch.»

«Ich warte lieber bis nachher», sagte sie. «Danke!»

«Nachher, wenn du eine sehr gute Lektion hinter dir hast, wie?» Sein Lächeln schien an den Mundwinkeln zu zerbrökkeln.

Aus dem Studio hinter ihm kam ein Geräusch, und Mr. Lafkowitz stieß den andern Flügel der Schiebetür auf und blieb neben ihm stehen.

«Frances?» sagte er. «Gute Fortschritte mit der Arbeit?»

Ohne daß er es beabsichtigte, flößte ihr Mr. Lafkowitz stets ein Gefühl ein, daß sie ungeschickt in die Länge geschossen sei. Er war selbst ein so kleines Männchen mit einem müden Blick, falls er nicht seine Geige hielt. Seine Augenbrauen wölbten sich hoch über dem gelblichen, jüdischen Gesicht, als stellten sie verwunderte Fragen, doch die Augenlider drusselten schlaff und gleichgültig. Heute schien er zerstreut. Sie beobachtete, wie er ohne ersichtlichen Grund ins Zimmer trat, den Bogen mit der Perlmutterspitze in den stillen Fingern

hielt und das weiße Roßhaar langsam durch ein weißliches Stück Kolophonium zog. Seine Augen waren heute scharfe, glänzende Schlitze, und das Leinentaschentuch, das ihm vom Kragen niederhing, ließ die Schatten unter seinen Augen noch dunkler erscheinen.
«Du arbeitest also jetzt mit großem Erfolg, scheint mir?» lächelte Mr. Lafkowitz, obwohl sie seine Frage noch nicht beantwortet hatte.
Sie sah Mr. Bilderbach an. Er wandte sich ab. Seine schwere Schulter stieß die Tür weit auf, so daß die späte Nachmittagssonne durch das Fenster im Studio flutete und gelbe Lichtleitern ins staubige Wohnzimmer sandte. Hinter ihrem Lehrer konnte sie den geduckten langen Flügel und das Fenster und die Büste von Brahms sehen.
«Nein», sagte sie zu Mr. Lafkowitz. «Ich arbeite schrecklich schlecht.» Mit ihren schmächtigen Fingern schnippte sie gegen die Notenblätter. «Ich weiß nicht, was los ist», sagte sie und blickte auf den gebeugten, muskulösen Rücken Mr. Bilderbachs, der drüben voller Spannung zuhörte.
Mr. Lafkowitz lächelte. «Es gibt Zeiten, glaube ich, in denen man . . .»
Ein schroffer Akkord drang vom Flügel her. «Meinen Sie nicht, wir sollten lieber weitermachen?» fragte Mr. Bilderbach.
«Sofort», sagte Mr. Lafkowitz und zog den Bogen noch einmal durch, ehe er zur Tür ging. Dann sah sie, wie er seine Geige vom Flügel nahm. Er erhaschte ihren Blick und ließ sein Instrument sinken. «Hast du das Bild von Heime gesehen?»
Ihre Finger krallten sich fest um die scharfe Ecke der Notentasche. «Welches Bild?»
«Eins von Heime, im *Musical Courier* dort auf dem Tisch! Auf der ersten Innenseite!»
Die Sonatine begann. Dissonant und doch irgendwie unkompliziert. Dürftig und doch mit einem sehr eigenen, geschliffenen Stil. Sie griff nach der Zeitschrift und schlug sie auf.
Da war Heime – in der linken Ecke. Er hatte die Geige in der Hand und hielt die Finger, für einen Pizzikato gekrümmt, über den Saiten. In dunkler Serge-Pumphose, die unter den Knien ordentlich festgeschnallt war, und mit einem Sweater und Rollkragen. Es war ein schlechtes Bild. Obwohl es im

Profil aufgenommen war, wandte sich das Auge zum Photographen, und die Finger sahen aus, als müßten sie die falsche Saite anzupfen. Er schien unwillig, daß er sich dem Apparat hatte zuwenden müssen. Er war magerer geworden – sein Bauch stand nicht mehr vor –, aber im letzten halben Jahr hatte er sich nicht sehr verändert.

«Heime Israelsky, der begabte junge Geiger, während der Arbeit im Studio seines Lehrers am Riverside Drive aufgenommen. Der kleine Meister Israelsky, der bald seinen fünfzehnten Geburtstag feiern kann, ist aufgefordert worden, das Beethoven-Konzert zu spielen, zusammen mit . . .»

Heute früh, nachdem sie von sechs bis acht geübt hatte, war sie von ihrem Papa gezwungen worden, sich mit der Familie an den Frühstückstisch zu setzen. Sie verabscheute das Frühstück: hinterher war ihr davon übel. Lieber wartete sie und kaufte sich von ihren zwanzig Cent Lunch-Geld vier Riegel Schokolade und kaute sie während der Schulstunden – indem sie unter dem Schutz ihres Taschentuchs kleine Stückchen aus der Tasche förderte und, wenn das Silberpapier knisterte, erschrocken innehielt. Doch heute früh hatte der Papa ihr ein Spiegelei auf den Teller gelegt, und sie hatte gewußt, daß sie, wenn es platzte und das schleimige Gelb über das Weiße quoll, weinen würde. Und so war's auch gekommen. Jetzt hatte sie das gleiche Gefühl. Behutsam legte sie die Zeitschrift wieder auf den Tisch und machte die Augen zu.

Die Musik im Studio schien heftig und ungeschickt auf etwas zu bestehen, das nicht zu haben war. Nach einem Weilchen entfernten sich ihre Gedanken von Heime und dem Konzert und dem Bild – und kreisten wieder um das Spiel. Sie rutschte auf dem Sofa weiter vor, bis sie gut ins Studio schauen konnte, wo die beiden spielten und aufmerksam die Vorzeichen beachteten und alles, was sie dort fanden, kraftvoll ausführten.

Mr. Bilderbachs Gesicht, als er sie vorhin angeblickt hatte, kam ihr nicht aus dem Sinn. Ihre Hände, die immer noch unwillkürlich im Rhythmus der Fuge zuckten, falteten sich über ihren knochigen Knien. Wie müde sie war! Und wieder hatte sie das Gefühl des Kreiselns und Versinkens, das sie oft überfiel, kurz bevor sie in Schlaf sank, wenn sie abends zu lange geübt hatte. Genau wie die müden Halbträume, die sie summend einkreisten und sie in wirbelnde Räume entführten. Ein Wunderkind – ein Wunderkind – ein Wunderkind*! Die Silben kamen auf die dunkle deutsche Art angerollt, dröhnten ihr gegen die Ohren und verebbten zu einem Gemurmel, gleichzeitig mit den Gesichtern, die kreiselten und bis zur Entstellung anschwollen und zu bleichen Ballons verblaßten: Mr. Bilderbach, Mrs. Bilderbach, Heime, Mr. Lafkowitz. Rundherum, immer rundherum drehten sie sich im Kreis und das kehlige Wort Wunderkind. Mr. Bilderbach bedrohlich groß in der Mitte des Kreises, mit drängendem Gesicht – und die andern rings um ihn herum.

Akkorde schaukelten wie toll auf und ab. Noten, die sie geübt hatte, purzelten eine über die andre, wie eine Handvoll Murmeln, die man die Treppe hinunterwirft. Bach, Debussy, Prokofieff, Brahms – in groteskem Takt mit dem fernen Pochen ihres ermüdeten Körpers und dem summenden Kreis.

Manchmal, wenn sie nur drei Stunden geübt hatte oder nicht in die Schule gegangen war, waren die Träume nicht so wirr. Dann schwang sich die Musik in ihrem Denken klar empor, und kurze, deutliche kleine Erinnerungen kamen ihr: klar wie das alberne Bild *Age of Innocence,* das Heime ihr geschenkt hatte, nachdem ihr gemeinsames Konzert beendet war.

Ein Wunderkind – ein Wunderkind. So hatte Mr. Bilderbach sie genannt, als sie mit zwölf Jahren zum erstenmal zu ihm gekommen war. Ältere Schüler hatten das Wort wiederholt.

Nicht etwa, daß er sie je so angeredet hätte. «Bienchen . . .» (sie hatte einen schlichten amerikanischen Namen, aber den benutzte er niemals, außer wenn sie ganz entsetzliche Fehler machte), «Bienchen», sagte er wohl, «ich weiß, daß es schrecklich sein muß. Die ganze Zeit einen so vollen Kopf mit sich herumschleppen müssen! Armes Bienchen . . .»

Mr. Bilderbachs Vater war ein holländischer Geiger gewesen. Seine Mutter stammte aus Prag. Er war in Amerika geboren, hatte aber seine Jugend in Deutschland verlebt. Wer weiß wie oft hatte sie gewünscht, sie wäre nicht einfach in Cincinnati geboren und aufgewachsen. Wie heißt *cheese* auf deutsch? Mr. Bilderbach, was heißt auf holländisch *I don't understand you?*

* Im Originaltext steht das deutsche Wort

Der erste Tag, an dem sie ins Studio kam. Nachdem sie die ganze Zweite Ungarische Rhapsodie auswendig gespielt hatte. Das Zimmer im Zwielicht immer schattiger. Sein Gesicht, als er sich über den Flügel beugte.
«Jetzt fangen wir wieder ganz von vorne an», hatte er an jenem ersten Tag gesagt. «Es gehört mehr als nur Geschick dazu – zum Musizieren. Wenn die Finger eines zwölfjährigen Mädchens in einer Sekunde soundsoviel Tasten spielen können – das besagt noch gar nichts.»
Mit seiner dicken Hand klopfte er auf seine breite Brust und gegen die Stirn. «Hier – und hier! Du bist alt genug, um das zu verstehen.» Er zündete sich eine Zigarette an und blies den ersten Rauch sachte über ihren Kopf weg. «Und arbeiten, arbeiten und noch mal arbeiten! Wir wollen jetzt mit den Bach-Stückchen und den kleinen Schumann-Sachen anfangen.» Seine Hände bewegten sich wieder, diesmal, um an der Schnur der Lampe hinter ihr zu ziehen und auf die Noten zu deuten. «Ich zeige dir jetzt, wie ich das Stück geübt haben möchte. Höre gut zu!»
Sie hatten fast drei Stunden am Flügel zugebracht, und sie war sehr müde. Seine tiefe Stimme klang so, als hätte sie schon lange in ihr getönt. Sie hätte gern die Hand ausgestreckt und seinen federnden Finger berührt, der die Phrasierung angab, und hätte gern den funkelnden goldnen Reif berührt und den starken behaarten Handrücken.
Sie hatte dienstags nach der Schule und an den Samstagnachmittagen Unterricht. Oft blieb sie, wenn die Samstagslektion zu Ende war, zum Abendbrot, und dann auch noch über Nacht, und fuhr erst am nächsten Morgen mit der Straßenbahn nach Hause. Mrs. Bilderbach hatte Bienchen auf ihre stille, fast ein wenig einfältige Art recht gern. Sie war ganz anders als ihr Mann. Sie war ruhig und dick und langsam. Wenn sie nicht in der Küche war und die schweren Gerichte zubereitete, die sie beide liebten, dann schien sie all ihre Zeit oben im Bett zu verbringen, Zeitschriften zu lesen oder einfach mit einem kleinen Lächeln ins Leere zu starren. Als sie in Deutschland geheiratet hatte, war sie Liedersängerin gewesen. Jetzt sang sie nicht mehr (wegen ihrer Kehle, wie sie sagte). Wenn er sie von der Küche ins Studio rief, damit sie

sich einen Schüler oder eine Schülerin anhörte, dann lächelte sie stets und sagte, es sei gut, sehr gut.
Als Frances dreizehn Jahre alt war, wurde ihr eines Tages bewußt, daß Bilderbachs keine Kinder hatten. Es schien seltsam. Eines Tages war sie hinten bei Mrs. Bilderbach in der Küche gewesen, als er aus dem Studio gestürzt kam und sich wegen eines Schülers, der ihn geärgert hatte, vor Zorn nicht zu fassen wußte. Seine Frau stand da und rührte in der dicken Suppe, bis seine Hand sich vortastete und auf ihrer Schulter liegenblieb. Da drehte sie sich um, noch immer gelassen dastehend, indes er seine Arme um sie schlang und sein scharfes Profil im weißen, kraftlosen Fleisch ihres Halses vergrub. So standen sie da, ohne sich zu rühren. Und dann zuckte sein Gesicht plötzlich zurück: der Zorn war einer stillen Ausdruckslosigkeit gewichen, und er war wieder ins Studio gegangen.
Nachdem sie mit dem Unterricht bei Mr. Bilderbach begonnen hatte und ihr keine Zeit mehr blieb, Klassengenossinnen zu sehen, war Heime der einzige Freund in ihrem Alter. Er war Mr. Lafkowitz' Schüler und kam manchmal an den Abenden, an denen sie auch da war, mit ihm zu Bilderbachs. Dann hörten sie dem Spiel ihrer beiden Lehrer zu. Und oft spielten sie auch selbst zusammen: Kammermusik, Sonaten von Mozart oder Bloch.
Ein Wunderkind. Ein Wunderkind.
Heime war ein Wunderkind. Er und dann sie.
Heime hatte seit seinem vierten Lebensjahr Geige gespielt. Er brauchte nicht in die Schule zu gehen; Mr. Lafkowitz' Bruder, der verkrüppelt war, unterrichtete ihn nachmittags in Geometrie und europäischer Geschichte und französischer Grammatik. Als er dreizehn war, hatte er eine ebenso gute Technik wie jeder Geiger in Cincinnati – das sagten alle. Aber auf der Geige zu spielen mußte leichter sein als auf dem Klavier. Sie war überzeugt davon.
Heime roch ewig nach Samtmanchesterhosen und Kolophonium und nach dem, was er gerade gegessen hatte. Außerdem waren seine Hände rings um die Handgelenke meistens schmuddelig, und die Manschetten seiner Hemden schauten schwärzlich aus den Sweaterärmeln hervor. Wenn er spielte, beobachtete sie immer seine Hände: sie waren nur in den

Fingergelenken dünn; harte kleine Fleischklümpchen wulsteten sich über die kurzgeschnittenen Nägel, und im bogenführenden Handgelenk zeichnete sich deutlich die Falte ab, die so babyhaft aussah.

In ihren Träumen, und auch wenn sie wachte, konnte sie sich nur ganz verschwommen an das Konzert erinnern. Erst viele Monate später erfuhr sie, daß es für sie kein Erfolg gewesen war. Zwar hatten die Zeitungen Heime viel mehr gerühmt als sie. Aber er war ja auch viel kleiner als sie. Als sie zusammen auf der Bühne standen, hatte er ihr nur bis an die Schulter gereicht. Und davon ließen sich die Leute beeinflussen, wie sie wußte. Und dann war es auch wegen der Sonate gewesen, die sie zusammen gespielt hatten. Von Bloch.

«Nein, nein, ich glaube nicht, daß sie geeignet ist», hatte Mr. Bilderbach gesagt, als davon die Rede war, das Konzert mit der Bloch-Sonate zu beschließen. «Dagegen die Sache von John Powell – die Virginische Sonate . . .»

Damals hatte sie es nicht begriffen; sie hatte gewünscht, es sollte die Bloch sein, genauso wie Mr. Lafkowitz und Heime. Mr. Bilderbach hatte nachgegeben. Später, nachdem die Kritiker gesagt hatten, ihr fehle es an Temperament, und nachdem sie ihr Spiel dünn und arm an Gefühl genannt hatten, war sie der Ansicht, sie sei hineingelegt worden.

«All der intellektuelle Kram», sagte Mr. Bilderbach und knisterte mit der Zeitung. «Das ist nichts für dich, Bienchen. All das mußt du den Heimes und . . . witzes und . . . skys überlassen.»

Ein Wunderkind. Einerlei, was die Zeitungen behaupteten, *er* hatte sie so genannt.

Wieso hatte Heime beim Konzert so viel besser abgeschnitten als sie? Manchmal in der Schule, wenn sie eigentlich aufpassen sollte, wie eine Geometrieaufgabe an der Wandtafel gelöst wurde, hatte die Frage wie ein Messer in ihr gewühlt. Im Bett machte sie sich auch Gedanken darüber, und sogar manchmal, wenn sie sich auf ihr Klavierspiel hätte konzentrieren sollen. Es war nicht bloß wegen Bloch, und weil sie keine Jüdin war – nicht das allein. Es war auch nicht deshalb, weil Heime nicht in die Schule zu gehen brauchte und seine Ausbildung schon so früh begonnen hatte. Es war . . .?

Einmal glaubte sie schon, es zu wissen.
«Spiel die Fantasie und die Fuge!» hatte Mr. Bilderbach eines Abends vor etwa einem Jahr verlangt – nachdem er und Mr. Lafkowitz zusammen irgendwelche Noten gelesen hatten.
Der Bach kam ihr, während sie ihn spielte, als sehr geglückt vor. Mit dem äußersten Augenwinkel konnte sie den ruhigen, zufriedenen Ausdruck in Mr. Bilderbachs Gesicht gewahren und sehen, wie seine Hände sich mitgehend von den Armlehnen hoben und dann wieder entspannt und zufrieden nach unten sanken, wenn die großen Bögen der Melodie mit Erfolg durchgeführt waren. Als sie fertig war, stand sie auf und schluckte, um die Fesseln zu lösen, die ihr die Musik um Brust und Kehle gelegt zu haben schien. Aber dann:
«Frances», hatte Mr. Lafkowitz dann plötzlich gesagt und sie angeschaut – den schmallippigen Mund gekräuselt und die Augen fast verdeckt von den zerbrechlichen Lidern, «Frances, weißt du auch, wieviel Kinder Bach hatte?»
Sie drehte sich verblüfft um. «Sehr viele. Über zwanzig.»
«Dann konnte er also ...» Die Winkel seines Lächelns ritzten sich leicht in das blasse Gesicht. «Dann konnte er also nicht ... so kalt gewesen sein.»
Mr. Bilderbach war nicht angenehm berührt; aus seinem kehligen deutschen Wortschwall trat das Wort «Kind» hervor. Mr. Lafkowitz zog die Augenbrauen in die Höhe. Sie hatte gleich begriffen, um was es sich handelte, doch hielt sie es nicht für eine Täuschung, wenn sie eine ausdruckslose und kindliche Miene aufsetzte, denn Mr. Bilderbach wollte gern, daß sie so aussah.
Und doch hatten derlei Dinge nichts damit zu tun. Nicht sehr viel wenigstens, denn sie wurde ja älter. Mr. Bilderbach konnte das verstehen, und sogar Mr. Lafkowitz hatte es nicht genauso gemeint, wie er's gesagt hatte.
In ihren Träumen tauchte Mr. Bilderbachs Gesicht drohend auf und zog sich dann auf den Mittelpunkt des wirbelnden Kreises zurück. Die Lippen hoben sich leicht, und die Adern an seinen Schläfen pochten beharrlich.
Doch manchmal hatte sie vor dem Einschlafen auch sehr deutliche Erinnerungsbilder, zum Beispiel, wie sie ein Loch in der Ferse ihres Strumpfs nach unten zog, damit der Schuh es

verstecken sollte. «Aber Bienchen, Bienchen!» Und er brachte Mrs. Bilderbachs Stopfkorb und zeigte ihr, wie es gestopft werden mußte – und nicht einfach zu einem dicken Knoten zusammengezogen werden durfte.

Und dann damals, als das Abgangsexamen von der Junior High School gefeiert wurde.

«Was ziehst du an?» hatte Mrs. Bilderbach am Sonntagmorgen beim Frühstück gefragt, nachdem sie ihnen geschildert hatte, wie sie den Einmarsch in die Aula geübt hätten.

«Ein Abendkleid, das meine Kusine voriges Jahr getragen hat.»

«Oh, Bienchen!» sagte er, schwenkte die warme Kaffeetasse in seinen schweren Händen und blickte sie mit lachenden, zwinkernden Augen an. «Wolln wir wetten, daß ich genau weiß, was Bienchen tragen möchte?»

Und davon ließ er sich nicht abbringen. Er wollte es ihr nicht glauben, als sie erklärte, daß sie sich wahrhaftig gar nichts daraus machte.

«So etwa, Anna», sagte er, warf seine Serviette auf den Tisch und trippelte durchs Zimmer, schaukelte mit den Hüften und schlug schmachtend die Lider hinter der Hornbrille auf.

Am folgenden Samstagnachmittag nahm er sie nach dem Unterricht mit in die Stadt, in ein Warenhaus. Seine dicken Finger glätteten die hauchfeinen Schleierstoffe und die knisternden Taftseiden, die die Verkäuferinnen von den Rollen abwickelten. Er hielt die Farben an ihr Gesicht, legte den Kopf auf die Seite und wählte Rosa. Auch an die Schuhe dachte er. Am besten gefielen ihm weiße Glacélederpumps. Ihr kamen sie ein bißchen wie Alte-Damen-Schuhe vor, und der Rotkreuzstempel am Spann innen sah so nach Wohltätigkeit aus. Aber eigentlich war es ja ganz einerlei. Als Mrs. Bilderbach mit dem Zuschneiden begann und das Kleid an ihr absteckte, unterbrach er den Unterricht, stellte sich daneben und schlug Rüschen am Ausschnitt und auf den Hüften vor und auf der Schulter eine Stoffrosette. Damals ging es mit ihrer Musik gut voran. Kleider und Schulbeginn und so weiter machten da keinen Unterschied aus.

Im Grunde hatte es alles nicht viel zu bedeuten, wenn sie nur so spielte, wie gespielt werden mußte, und das Etwas aus sich herausholte, das in ihr stecken mußte, und übte und übte und spielte, damit Mr. Bilderbachs Gesicht etwas weniger gespannt aussah. Wenn sie nur das Etwas in ihr Spiel legen konnte, das Myra Hess hatte, und das Yehudi Menuhin hatte – ja, sogar Heime hatte es!

Was für eine Umwandlung hatte vor vier Monaten in ihr begonnen? Die Töne fingen an, glatt und leblos herauszuspringen. Adoleszenz, dachte sie. Manche Kinder spielten vielversprechend – und arbeiteten und arbeiteten, bis – wie bei ihr – die geringste Kleinigkeit sie zum Weinen brachte. Erschöpft von allem Bemühen, das Etwas richtig herauszuholen, das sie erstrebten, begann ihnen etwas Seltsames zu widerfahren. Aber nicht ihr! Sie war wie Heime. Sie mußte so sein. Sie ...

Einst war es ja bestimmt gewesen. Und man konnte doch solch ein Etwas nicht einfach verlieren. Ein Wunderkind, ein Wunderkind. Von ihr hatte er es gesagt, hatte die Worte in seinem überzeugten, tiefen Deutsch hervorrollen lassen. Und in den Träumen sogar noch tiefer; überzeugter denn je. Das drohende Gesicht ihr zugewandt, die schmachtenden Sätze der Musik vermischt mit dem summenden, kreiselnden Rundherum, Rundherum ... Ein Wunderkind. Ein Wunderkind ...

Heute nachmittag begleitete Mr. Bilderbach jedoch Mr. Lafkowitz nicht bis an die Haustür, wie er es sonst tat. Er blieb am Flügel und drückte leise eine einzelne Taste nieder. Frances hörte hin und sah dem Geiger zu, wie er sich den Schal um den blassen Hals band.

«Ein gutes Bild von Heime», sagte sie und raffte ihre Noten zusammen. «Ich habe vor ein paar Monaten einen Brief von ihm bekommen; er schreibt, daß er Schnabel und Huberman gehört habe, und erzählt von der Carnegie Hall und von den Sachen, die sie im Russischen Tea-Room gegessen haben.»

Um den Augenblick, da sie ins Studio gehen mußte, noch etwas hinauszuzögern, wartete sie, bis Mr. Lafkowitz zum Gehen bereit war, und dann stellte sie sich hinter ihn, als er die Tür aufmachte. Die eisige Kälte drang von draußen herein. Es war schon spät, und durch die Luft sickerte das blasse Gelb der Winterdämmerung. Als die Tür sich in den Angeln

drehte und schloß, erschien das Haus dunkler und schweigsamer, als sie es je erlebt hatte.
Als sie ins Studio ging, erhob sich Mr. Bilderbach vom Flügel und schaute ihr stumm zu, wie sie sich vor den Tasten zurechtsetzte.
«So, Bienchen», sagte er, «heute nachmittag wollen wir ganz von vorne anfangen. Von ganz unten an. Wollen die letzten paar Monate vergessen!»
Er sah aus, als versuchte er eine Rolle in einem Film zu spielen. Sein schwerer Körper wippte von den Zehen auf den Absatz, er rieb sich die Hände, und er lächelte sogar auf eine befriedigte Filmschauspielerart. Dann plötzlich ließ er diese Manier schroff von sich abfallen. Seine schweren Schultern baumelten schlaff, und er begann den Notenstoß durchzublättern, den sie mitgebracht hatte. «Bach – nein, noch nicht», murmelte er. «Beethoven? Ja. Die Sonate mit den Variationen. Opus 26.»
Die Tasten des Flügels schlossen sie ein: steif und weiß und leichenhaft.
«Warte einen Augenblick», sagte er. Er stand in der Biegung des Flügels, hatte die Ellbogen aufgestützt und blickte sie an. «Heute erwarte ich etwas von dir. Die Sonate hier – ist die erste Beethoven-Sonate, die du bei mir durchgearbeitet hast. In ihrer technischen Ausführung ist jede Note unter Kontrolle, und du mußt nur um das Musikalische ringen. Jetzt nur um das Musikalische. Das ist alles, woran du denken sollst.»
Raschelnd schlug er die Seiten in ihrem Band um, bis er die Sonate gefunden hatte. Dann zog er seinen Stuhl halbwegs ins Zimmer hinein, drehte ihn um und setzte sich rittlings darauf.
Sie wußte, daß es, wenn er diese Stellung einnahm, aus irgendeinem Grunde stets einen guten Einfluß auf ihr Spiel gehabt hatte. Doch heute spürte sie, daß sie ihn mit dem äußersten Augenwinkel wahrnehmen und sich stören lassen würde. Den Rücken hatte er steif nach hinten gelegt, seine Beine schienen voll nervöser Spannung. Der schwere Notenband vor seinem Gesicht schien gefährlich auf der Stuhllehne zu balancieren.
«Jetzt fangen wir an», sagte er und sandte ihr einen gebieterischen Blick zu.
Ihre Handflächen wölbten sich über den Tasten und sanken

dann hinein. Die ersten Töne waren zu laut, die andern Takte klappten trocken nach.
Er hob die Hand von den Noten und gebot Einhalt. «Warte! Überlege dir eine Minute, was du spielst! Wie ist der Anfang bezeichnet?»
«Mit *An-andante!*»
«Gut! Dann mußt du es auch nicht zu einem *Adagio* verlangsamen! Und greife tief in die Tasten hinein! Hasche nicht so oberflächlich danach! Ein anmutiges, volltönendes *Andante ...*»
Sie versuchte es wieder. Ihre Hände schienen abgetrennt von der Musik, die in ihr war.
«Sag mal», unterbrach er sie, «welche von diesen Variationen beherrscht das Ganze?»
«Der Trauermarsch», erwiderte sie.
«Dann bereite ihn vor. Es ist ein *Andante* – aber es ist keine Salonmusik, wie du sie eben gespielt hast. Fange sanft an, *piano,* und lasse es erst kurz vor dem *Arpeggio* anschwellen. Spiele es warm und dramatisch. Und hier unten, wo es mit *dolce* bezeichnet ist, laß die Gegenstimme hervortreten. Das weißt du ja alles. Wir haben das alles schon durchgesprochen. Spiele es jetzt. Empfinde es so, wie Beethoven es niedergeschrieben hat. Fühle die Trauer und die Zurückhaltung.»
Sie mußte unablässig auf seine Hände schielen. Sie schienen nur flüchtig auf den Noten zu ruhen, bereit, hochzufliegen und Halt zu gebieten, sobald sie beginnen würde: aufblitzend das Funkeln seines Ringes, das ihr Halt gebot. «Mr. Bilderbach ... wenn ich vielleicht ... wenn Sie mir erlauben würden, die erste Variation ohne Unterbrechung zu spielen, könnte ich's vielleicht machen.»
«Ich werde dich nicht unterbrechen.»
Ihr bleiches Gesicht neigte sich zu tief auf die Tasten. Sie spielte den ersten Teil hintereinander und begann auf sein Kopfnicken hin den zweiten. Es kamen keine Fehler vor, die ihr Ohr beleidigt hätten, doch die Takte nahmen unter ihren Fingern Gestalt an, ohne daß sie ihnen den Ausdruck verleihen konnte, den sie im Innersten empfand.
Als sie geendet hatte, blickte er von den Noten auf und begann mit schwermütiger Offenheit zu sprechen: «Die harmonischen

Verzierungen in der rechten Hand habe ich kaum gehört. Und außerdem sollte dieser Teil an Intensität zunehmen und die Vorahnungen ausbauen, die für den zweiten Teil charakteristisch sind. Aber spiele jetzt weiter!»

Sie wollte den nächsten Satz mit verhaltener Auflehnung beginnen lassen und allmählich zu einem tiefen, wachsenden Kummer vorrücken. Ihr Gefühl sagte ihr das. Doch ihre Finger schienen wie schlaffe Makkaroni an den Tasten zu kleben, und sie konnte sich das Stück nicht mehr vorstellen, wie es gemeint war.

Als der letzte Ton verklungen war, schloß er das Notenheft und erhob sich energisch vom Stuhl. Er bewegte den Unterkiefer von einer Seite auf die andere, und zwischen seinen offenen Lippen konnte sie die rosige, gesunde Gasse zu seiner Kehle und zu den starken rauchgelben Zähnen erblicken. Er legte den Beethoven behutsam auf ihre übrigen Noten und stützte seine Ellbogen wieder auf die glatte schwarze Fläche des Flügels. «Nein», sagte er einfach und blickte sie an.

Ihr Mund begann zu zittern. «Ich kann's nicht ändern. Ich . . .»

Plötzlich verzog er seine Lippen zu einem Lächeln. «Hör mal, Bienchen», begann er mit einer neuen, forcierten Stimme. «Du spielst doch immer noch den *Fröhlichen Hufschmied,* nicht wahr? Ich sagte dir, du möchtest es nicht aus deinem Repertoire streichen.»

«Ja», sagte sie. «Ich übe es hin und wieder.»

Er sprach jetzt mit der Stimme, die er Kindern gegenüber anwandte. «Es gehörte zu den ersten Stücken, die wir zusammen durchgearbeitet haben, weißt du noch? So kräftig hast du es immer gespielt – richtig wie die Tochter eines Schmieds. Sieh mal, Bienchen, ich kenne dich so gut – als ob du meine eigene Tochter wärst. Ich weiß, was du hast . . . Ich habe dich so viele Stücke wunderschön spielen hören. Immer hast du . . .»

Er brach verwirrt ab und inhalierte den Rauch aus dem zerquetschten Zigarettenstummel. Der Rauch schlich träge aus seinen rosigen Lippen und legte sich als grauer Nebel um ihr offenes Haar und die kindliche Stirn.

«Laß es glücklich und schlicht klingen», sagte er, schaltete hinter ihr die Lampe an und trat vom Flügel fort.

Einen Augenblick stand er innerhalb des hellen Kreises, den das Licht bildete. Dann kauerte er sich impulsiv auf den Fußboden. «Kraftvoll», sagte er.
Sie konnte nicht aufhören, ihn anzublicken, wie er da auf dem einen Absatz saß und den andern Fuß wegen des Gleichgewichts quer davorgelegt hatte; die Muskeln seiner starken Oberschenkel strammten sich unter dem Tuch der Hose, der Rücken war gerade, die Ellbogen waren fest auf die Knie gestemmt. «Also schlicht», wiederholte er mit einer Geste seiner fleischigen Hände. «Denke an den Schmied – wie er den ganzen Tag draußen im Sonnenschein arbeitet. Mühelos und unbekümmert arbeitet.»
Sie konnte nicht auf die Tasten blicken. Das Licht schimmerte auf den Härchen seines Handrückens und ließ die Gläser seiner Brille glitzern.
«Alles!» sagte er. «Jetzt!»
Es war ihr zumute, als sei das Mark ihrer Knochen ausgehöhlt und als sei kein Blut mehr in ihren Adern. Ihr Herz, das den ganzen Nachmittag gegen ihre Brust gehämmert hatte, schien ihr plötzlich wie tot. Sie sah es grau und schlaff und an den Rändern eingeschrumpft wie eine Auster.
Sein Gesicht schien vor ihr in den freien Raum hinauszuzittern und mit der bedrohlichen Bewegung der Adern an seinen Schläfen auf sie zuzukommen. Ausweichend blickte sie auf die Tasten. Ihre Lippen bebten wie Gallert, und ein Quell lautloser Tränen ließ die weißen Tasten zu einer wässrigen Linie verschwimmen. «Ich kann nicht», flüsterte sie. «Ich weiß nicht, warum, aber ich kann einfach nicht, kann einfach nicht mehr.»
Sein angespannter Körper sackte zusammen; er stützte sich seitlich mit der Hand auf und rappelte sich hoch. Sie packte ihre Noten und eilte an ihm vorbei.
Ihr Mantel. Ihre Fäustlinge und die Galoschen. Die Schulbücher und die Notentasche, die er ihr zum Geburtstag geschenkt hatte. Alles, was ihr gehörte in diesem stillen Zimmer. Rasch – ehe er etwas sagen mußte.
Als sie über den Vorflur ging, sah sie, ohne es zu wollen, seine Hände: er hielt sie vom Körper weg, der entspannt und zwecklos gegen die Studiotür lehnte. Die Tür fiel fest ins Schloß. Sie

schleppte ihre Bücher und die Notentasche und stolperte die Steintreppe hinunter, wandte sich der verkehrten Richtung zu und hastete die Straße entlang, die wie ein Wirrwarr an Lärm und Fahrrädern und Spielen andrer Kinder auf sie einstürmte.

Sylvia Plath (1932–1963)

Sehr früh und sehr erfolgreich begann die Amerikanerin Sylvia Plath ihre literarische Laufbahn. Als College-Studentin schrieb sie Lyrik und Erzählungen, gewann Wettbewerbe und erhielt Stipendien. 1953 war sie Gastredakteurin in der amerikanischen Zeitschrift «Mademoiselle». 1955 bekam sie ein Fulbright-Stipendium für das Newnham College in Cambridge. In London lernte sie den englischen Lyriker Ted Hughes kennen; sie heiratete ihn 1956 und bekam zwei Kinder. Kurze Zeit unterrichtete sie im amerikanischen Smith-College. Dann kehrte sie mit ihrem Mann nach England zurück. Beide arbeiteten als freie Schriftsteller. Ihren autobiographischen Roman «Die Glasglocke» veröffentlichte sie unter Pseudonym. Ihr Gedichtband «Ariel» erschien nach ihrem Tod: Sylvia Plath beging 1963 Selbstmord. Von welchen Zukunfts- und Versagensängsten die junge, nach außen so erfolgreiche Sylvia Plath gequält wurde, beschreibt sie in der «Glasglocke».

Sylvia Plath
«Nun lächeln Sie schon!»

Ich begann alles das zusammenzuzählen, was ich nicht konnte. Ich fing mit dem Kochen an.
Meine Großmutter und meine Mutter kochten so gut, daß ich ihnen alles überließ. Sie versuchten immer wieder, mir ein Gericht beizubringen, aber ich sah zu und sagte nur: «Ja, ja, ich verstehe», während mir die Anweisungen wie Wasser durch den Kopf flossen, und dann ruinierte ich immer alles, was ich kochte, so daß mich schließlich niemand mehr aufforderte, es noch einmal zu tun.
Ich erinnere mich an Jody, meine beste und einzige Freundin während des ersten Jahres auf dem College, sie machte mir eines Morgens bei sich zu Hause Rühreier. Sie schmeckten ungewöhnlich, und als ich sie fragte, ob sie irgend etwas Besonderes hineingetan hätte, sagte sie, Käse und Knoblauchsalz. Ich fragte, wer ihr das beigebracht hätte, und sie sagte, niemand, sie hätte sich das einfach ausgedacht. Aber schließlich war sie praktisch veranlagt und wollte im Hauptfach Soziologie studieren.
Kurzschrift konnte ich auch nicht.
Das bedeutete, ich würde nach dem College keine gute Stellung bekommen. Meine Mutter sagte immer wieder, niemand würde mich nur mit Hauptfach Englisch nehmen. Aber eine Englischabsolventin, die Kurzschrift konnte, war schon etwas anderes. Von allen Seiten würde ich Angebote bekommen. Ich würde bei den aufsteigenden jungen Männern gefragt sein und einen aufregenden Brief nach dem anderen diktiert bekommen.
Die Schwierigkeit war nur, ich haßte die Vorstellung, Männern irgendwie zu dienen. Ich wollte meine eigenen aufregenden Briefe diktieren. Außerdem schienen diese kleinen Kurzschriftzeichen in dem Buch, das mir meine Mutter zeigte,

genauso schlimm zu sein wie: t gleich Zeit und s gleich die zurückgelegte Strecke.
Meine Liste wurde länger. Ich war eine schrecklich schlechte Tänzerin. Ich konnte den Takt nicht halten. Ich konnte keine Balance halten, und immer wenn wir im Turnunterricht einen schmalen Balken mit ausgestreckten Händen und einem Buch auf dem Kopf entlanggehen mußten, fiel ich herunter. Ich konnte weder reiten noch skifahren, die beiden Dinge, die ich am liebsten getan hätte, weil das zuviel Geld kostete. Ich konnte weder Deutsch sprechen noch Hebräisch lesen noch Chinesisch schreiben. Von den meisten der merkwürdigen fernen Länder, die die UN-Männer vor mir vertraten, wußte ich nicht einmal, wo auf der Landkarte sie lagen.
Als ich da im schalldichten Herz des UN-Gebäudes zwischen Constantin, der Tennisspielen konnte und simultan übersetzen, und neben dem russischen Mädchen saß, das so viele Idiome kannte, kam ich mir das erste Mal im Leben schrecklich unzulänglich vor. Das Schlimmste war, ich war immer unzulänglich gewesen, ich hatte nur noch nie darüber nachgedacht.
Ich war nur gut im Einsammeln von Stipendien und Preisen, und diese Epoche ging zu Ende.
[...]
«Nun lächeln Sie schon.»
Ich saß auf dem rosa Samtsofa in Jay Cees Büro*, das Gesicht dem Fotografen der Zeitschrift zugewandt, und hielt eine Papierrose. Von zwölf Mädchen war ich das letzte, das fotografiert wurde. Ich hatte versucht, mich im Waschraum zu verstecken, aber das hatte nicht geklappt. Betsy hatte meine Füße unter den Türen entdeckt.
Ich wollte nicht fotografiert werden, weil ich dann weinen mußte. Ich wußte nicht, warum ich weinen mußte, aber ich wußte, wenn mich jemand ansprach oder mich zu genau ansah, würden mir die Tränen aus den Augen fließen und das Schluchzen würde mir aus dem Hals fliegen und ich würde eine Woche lang weinen. Ich spürte, wie die Tränen in mir, wie Wasser in einem übervollen, nicht sicher stehenden Glas, kurz vor dem Überlaufen waren.

* Redakteurin, bei der Sylvia Plath volontierte

Dies war die letzte Serie Aufnahmen, bevor die Zeitschrift in Druck ging und bevor wir nach Tulsa oder Biloxi oder Teaneck oder Coos Bay zurückfuhren oder wo immer wir her waren, und wir sollten mit symbolischen Dingen in der Hand fotografiert werden, die zeigten, was wir werden wollten.
Betsy hielt eine Reisstaude in der Hand, um zu zeigen, daß sie eine Farmersfrau werden wollte, und Hilda hielt den kahlen, gesichtlosen Kopf einer Hutmacherpuppe, um zu zeigen, sie wollte Hüte entwerfen, und Doreen hielt einen goldgestickten Sari, damit man sah, sie wollte zur Sozialarbeit nach Indien (in Wirklichkeit wollte sie das gar nicht, sagte sie mir, sie wollte nur den Sari). Als man mich fragte, was ich werden wollte, sagte ich, ich wüßte es nicht.
«Ach, natürlich wissen Sie es», sagte Jay Cee witzig.
Ich sagte,ich wollte Dichter werden.
Dann versuchte man etwas zu finden, das ich in der Hand halten konnte.
Jay Cee schlug einen Gedichtband vor, aber der Fotograf sagte, nein, das sei zu direkt. Es müßte etwas sein, aus was Gedichte entstanden. Schließlich nahm Jay Cee die langstielige Papierrose von ihrem neuesten Hut ab.
Der Fotograf machte mit den heißen weißen Lampen herum. «Zeigen Sie uns, wie glücklich es Sie macht, ein Gedicht zu schreiben.»
Ich starrte auf den Blätterfries des Gummibaums in Jay Cees Fenster auf den blauen Himmel dahinter. Ein paar puffige Theaterwolken zogen von rechts nach links. Ich heftete die Augen auf die größte Wolke, so als hätte ich vielleicht das große Glück, mit ihr fortzuziehen, wenn sie wieder außer Sicht kam.
Ich hielt es für sehr wichtig, daß die Linie meines Mundes gerade blieb.
«Schenken Sie uns ein Lächeln.»
Wie der Mund einer Bauchrednerpuppe begann sich mein eigener Mund endlich gehorsam nach oben zu verziehen.
«He», protestierte der Fotograf in plötzlicher Ahnung. «Sie sehen ja aus, als ob Sie gleich zu heulen anfangen.»
Ich konnte nicht mehr.
Ich vergrub das Gesicht in der rosa Samtfassade von Jay Cees

Sofa, und mit riesiger Erleichterung brachen die salzigen Tränen und die widerlichen Geräusche, die sich den ganzen Morgen lang in mir herumgetrieben hatten, in dem Raum hinaus.
Als ich den Kopf hob, war der Fotograf verschwunden.
Ich wußte genau, wie es zu machen war.
In dem Augenblick, als die Autoreifen auf dem Kies der Ausfahrt wegspritzten und das Geräusch des Motors verklungen war, sprang ich aus dem Bett und zog mir schnell die weiße Bluse und den grüngemusterten Rock und meinen schwarzen Regenmantel an. Der Regenmantel fühlte sich noch immer feucht an vom Tag vorher, aber das würde bald nichts mehr machen.
Ich ging hinunter und nahm ein blaßblaues Kuvert vom Eßtisch und kritzelte in großen Buchstaben sorgfältig auf die Rückseite:
«Ich mache einen langen Spaziergang.»
Ich stellte die Nachricht so auf, daß meine Mutter sie sofort sah, wenn sie hereinkam.
Dann lachte ich.
Das Wichtigste hatte ich vergessen.
Ich rannte hinauf und zog einen Stuhl an den Schrank meiner Mutter. Dann kletterte ich hinauf und griff nach der kleinen grünen Kassette im obersten Fach. Das Schloß war so schwach, daß ich den Metalldeckel mit bloßen Händen hätte abreißen können, aber ich wollte die Sache ruhig und ordentlich machen.
Ich zog die obere rechte Schublade der Kommode meiner Mutter auf und holte den blauen Schmuckkasten aus seinem Versteck unter den duftenden Taschentüchern aus irischem Leinen. Ich nahm den kleinen Schlüssel von dem schwarzen Samt. Dann schloß ich die Kassette auf und nahm die neue Flasche mit den Pillen heraus.
[...]
Es waren mehr als ich gehofft hatte.
Es waren mindestens fünfzig.
Wenn ich gewartet hätte, daß meine Mutter sie mir jede Nacht gab, hätte es fünfzig Nächte gedauert, um genug zusammen zu haben. Und in fünfzig Nächten wäre das College wieder losgegangen und mein Bruder wäre aus Deutschland zurück gewe-

sen und es wäre zu spät gewesen. Ich legte den Schlüssel wieder in den Schmuckkasten in das Durcheinander von billigen Ketten und Ringen, stellte den Schmuckkasten wieder in die Schublade unter die Taschentücher, tat die Kassette zurück oben in das Fach und stellte den Stuhl auf den gleichen Platz des Teppichs, von wo ich ihn weggezogen hatte.
Dann ging ich in die Küche hinunter. Ich drehte den Hahn auf und füllte mir ein großes Glas Wasser ein. Dann nahm ich das Glas Wasser und die Flasche mit Pillen und ging in den Keller hinunter.
Bleiches Unterwasserlicht sickerte durch die Schlitze der Kellerfenster. Hinter der Ölheizung war etwa in Schulterhöhe eine dunkle Öffnung in der Wand, die unter die Terrasse führte. Nachdem der Keller schon ausgehoben war, hatte man später die Terrasse am Haus angebaut über dieser geheimen Höhlung mit bloßem Erdboden.
Ein paar alte verfaulte Holzstücke für den Kamin verschlossen die ganze Öffnung. Ich schob sie etwas zurück. Dann stellte ich das Glas Wasser und die Pillenflasche nebeneinander auf die flache Oberfläche eines der Hölzer und zog mich selbst hinauf.
Ich brauchte eine ganze Weile, mich mit dem Körper in die Öffnung zu heben, aber nach vielen Versuchen gelang es mir endlich, und ich kauerte wie ein Kobold im Maul der Dunkelheit.
Die Erde unter meinen bloßen Füßen schien freundlich, aber kalt. Ich überlegte mir, wie lange es gewesen war, seit dieses Stück Erde die Sonne gesehen hatte.
Dann schob ich die schweren, staubbedeckten Holzstücke eins nach dem anderen vor die versteckte Öffnung. Die Dunkelheit fühlte sich dick an wie Samt. Ich griff nach dem Glas und der Flasche und kroch vorsichtig auf den Knien mit gesenktem Kopf zu der hintersten Wand.
Spinnweben berührten mein Gesicht, weich wie Motten. Nachdem ich den schwarzen Mantel wie meinen eigenen süßen Schatten um mich geschlungen hatte, schraubte ich die Flasche auf und nahm eine Pille nach der anderen mit Schlukken von Wasser dazwischen.
Zuerst geschah nichts, aber als ich langsam zum Boden der

Flasche kam, begannen mir rote und blaue Lichter vor den Augen aufzublitzen. Die Flasche glitt mir aus den Fingern, und ich legte mich hin.
Die Stille zog fort und deckte die Kiesel und Muscheln und alle die billigen Trümmer meines Lebens auf. Dann sammelte sie sich am Rande der Vision, und in einer heranstürzenden Welle trieb sie mich in Schlaf.

Marie Luise Kaschnitz (1901–1974)

Die Offizierstochter Marie Luise von Holzing erlebte ihre Kindheit in Potsdam und Berlin. In Weimar begann sie eine Lehre als Buchhändlerin. Sie heiratete 1925 den Archäologen Guido Kaschnitz von Weinberg und lebte mit ihm in Königsberg, Rom und Frankfurt am Main. Seit 1933 begann sie, Lyrik, Essays und Romane zu veröffentlichen. 1951 kam ihr erster Erzählband heraus: «Das dicke Kind und andere Erzählungen». Als über Sechzigjährige fand sie zu einer Form und Sprechweise, die für sie typisch wurde und die sie von nun an immer weiter entwickelte: das literarische Tagebuch. Sie bekam den Ehrendoktortitel der Universität Frankfurt am Main, wurde in den Orden Pour le mérite aufgenommen und hielt Poetik-Vorlesungen an der Frankfurter Universität.
Aus ihrem letzten Buch «Orte. Aufzeichnungen» sind die folgenden Texte entnommen: Impressionen ihrer Potsdamer Kindheit zu Anfang dieses Jahrhunderts.

Marie Luise Kaschnitz

Potsdamer Kindheit

ICH einst im Buchsbaum, ich einst im Haselgebüsch, versteckt unter dem roten Kinderzimmertisch, immer schluchzend, von Tränen überströmt. Ich tue mir leicht weh, und man tut mir leicht weh, die Geschwister, die Mutter, der Vater, der mich übersieht. Lola, der schwarze Hund des Gärtners, ist ein Schrecken, wie der Gärtner selbst, der rothaarige, der die Kinder mit seiner Hacke bedroht. Ich will lauter Freude, aber meine Wünsche werden von geheimnisvollen Mächten immer wieder durchkreuzt. Später schreibe ich dasselbe verzweifelte Glücksverlangen meinen Gestalten zu. Die Welt soll in Ordnung sein, ist aber nicht in Ordnung, scheint während meiner Lebenszeit immer mehr aus den Fugen zu gehen. Darum das Schwarzsehen, die poésie noire. Aus lauter Glücksverlangen, das aber nach und nach immer unpersönlicher wird, nicht mehr mich selber meint. Wer ausspricht, bannt, und der Wunsch, das Schreckliche zu bannen, mag die Ursache meiner traurigen Gedichte und pessimistischen Geschichten gewesen sein. Der Grund, warum ich selbst, zu aller Erstaunen, heiter sein konnte, harmonisch, ohne Launen. Allerdings genügte mir, die schlimmen Dinge anzuzeigen. Eine Kämpferin war ich nie.

[...]

DIE POTSDAMER Gartenstraßen, die staubigen Wege, auf denen die Soldaten, rot glühend und weiß bestäubt, in die Kasernen heimkehren. Das Ponygespann der Prinzessin, die kleinen langschwänzigen Pferde. Die Prinzessin läßt die Peitsche spielen oder greift in die Gummihupe, die an keinem andern Pferdefahrzeug gestattet ist. Die Leute auf der Straße grüßen die junge Prinzessin, und wir, die wir manchmal von ihr abgeholt werden, grüßen höflich wieder, bis uns das untersagt wird,

ihr seid nicht gemeint. Für die Prinzessin ist im Park ein norwegisches Holzhaus gebaut, eine Spülküche mit lauter kupfernen Geräten, die Prinzessin bereitete Spiegeleier, natürlich muß sie die Pfanne nicht sauber machen. Einmal begegnen wir Kinder auf der großen Treppe im Neuen Palais der Kaiserin, die unsere Köpfe gegen ihre geschnürte Taille preßt und uns auf das Haar küßt. Wir haben uns mit der Prinzessin sehr gelangweilt, wir wollen nicht mehr spazierengefahren werden, aber wir müssen, wir werden nicht gefragt. Der Vater hat einmal auf die Prinzessin ein Gedicht gemacht, das wir unmöglich fanden, «Prinzessin von achtzehn Jahren, Prinzessin Chef der Husaren», tatsächlich, in der Uniform eines Husarenobersten ist die Prinzessin auf Postkarten zu sehen. Das hindert nicht, daß sie in unseren Augen blöd ist und blöde das ganze Sanssouci, wo man sich gut benehmen muß, nichts von Über-das-Gras-Jagen und In-die-Büsche-Kriechen, und interessant sind wirklich nur der alte König mit seinen Windhunden und sein boshafter kleiner Affe, Voltaire.
[...]

SCHRECKEN der Kindheit. Das Nicht-einschlafen-Können, mit den fest schlafenden Geschwistern im Zimmer, dem Schlag der Kuckucksuhr, böser Vogel, mit dem Wind draußen und den Sternen draußen, dem letzten Räderrollen, der ersten Dämmerung, lauter Vorgänge, an denen teilzunehmen ein Frevel war, für den man bestraft werden würde, auf unvorstellbar entsetzliche Art. – Das Frieren der Kinder, die gezwungen wurden, viele Stunden am Tag in der «frischen Luft» mit halb erstarrten, heftig schmerzenden Händen und Füßen, auf den Havelseen Schlittschuh zu laufen, und wie wir da vor Müdigkeit oder Ungeschick hinfielen und wieder aufstanden mit blutenden Knöcheln, und die Tränen gefroren auf dem Gesicht. Wie wir uns in die Getränkebude flüchteten, in die heiße rauchige Luft, den Berliner-Pfannkuchen-Duft, da aber nicht bleiben durften, kaum einige Minuten lang. – Die Furcht vor den Hunden auf dem Schulweg, bösen bissigen Hunden, die als solche auf einem Schild am Gitter ausgewiesen waren, die bereits zu bellen anfingen, wenn man noch weit entfernt war, und die sich, während man vorbeilief, mit fetten Leibern,

keuchenden Mäulern gegen den schadhaften Zaun warfen, jeden Tag, jeden Tag. – Die Furcht vor Feuersbrünsten, die wir nie oder doch erst viele Jahrzehnte später erlebten, die Gardinen in Flammen, die Treppe in Flammen, der Sprung aus dem Fenster, als Kind ja, aber auch später, im New Yorker dreißigsten Stock.
[...]

EIRAM Esiul nov Gnizloh, der Name ist, wenngleich nur der auf den Kopf gestellte eigene, ein Zauberspruch, den ich zehnmal, hundertmal, vor mich hinsage, mit dem ich Gewünschtes herbeirufe, Drohendes abwende, ein Kind kann ohne Zauberei nicht auskommen, weil so oft alles sich gegen ein Kind verschwört. Weswegen denn auch oft am Tage geweint werden muß, rasch, heftig, auch Tränen sind ein Zauber und lassen ein gar nicht zu erklärendes Hochgefühl zurück. Von mir heißt es, ich habe ans Wasser gebaut, also sehe ich mich selber in vielen kleinen Häuschen, die einander nicht gleichen, die aber alle am Wasser stehen. Die oft wiederholte, gar nicht freundlich gemeinte Redensart machte mir das Wasser vertraut, das zudem nicht weit entfernt ist, Potsdam, der Jungfernsee, die Kirschblüteninsel Werder, Haubentaucher, Laufvögel, Kanäle im Nebel, lauter Vorübungen für die erst später zu erfahrende grenzenlose Fläche Meer. Eiram Esiul, Erlkönigs Tochter, und was ich liebte, habe ich im Sumpfloch vergraben und mit Kalmusblättern zugedeckt. Das weiße Müschelchen, das blaue Puppenauge, Eiram Esiul, geboren im Wassermann, also wenig solide, also gepeinigt von Phantasie.
[...]

EINES der Rätsel meiner Potsdamer Kindheit war, was wir aufschnappten, dann herausfragten, der Leutnant, dem aus der Achsel ein Kinderhändchen gewachsen war und der sich mit seiner Dienstwaffe erschoß. Warum denn erschossen, Mama, das ist doch kein Grund, Mama, niemand hätte es gesehen unter der Uniform, die er ja auch hätte ausziehen können, den blauen Rock, wie man damals sagte, oder auch des Kaisers Rock. Schließlich konnte er ja nichts dafür, und konnte man das nicht wegoperieren, so ein Kinderhändchen?

Da bleibt nur eine Narbe und eine ziemlich kleine, die an der Stelle ohnehin kaum zu sehen gewesen wäre. Der Leutnant, erklärte die Mutter, war aber bereits ins Gerede gekommen bei den Kameraden, auch bei den Burschen, als ein Mensch, der einem leid tun kann, und das darf eben nicht sein, ein Offizier darf keinem leid tun, und er darf auch im Gerede nicht sein. Über seine Schulden darf man reden oder auch über seine Frauengeschichten, aber über so etwas nicht. Das hat er gewußt und mit der Schande nicht leben wollen. Er tut allen Leuten leid, aber sie finden es richtig, daß er sich erschossen hat. – Und du findest das auch richtig, Mama? – Gott, Kind, ich weiß nicht, vielleicht hat es ihm auch vor sich selber gegraut. – Abends beim Waschen heben wir den Arm, den rechten, dann den linken, Gott sei Dank kein Kinderhändchen, Gott sei Dank nichts.

[...]

WIE ich einmal mit dem englischen Fräulein durch den Charlottenburger Schloßgarten ging. Wir hatten ein englisches Kinderbuch mitgenommen, aus dem ich vorlesen sollte und auch vorlas, zu meiner Verwunderung hatten wir uns dazu aufs Gras gelegt, unter schöne schattige Bäume und in einiger Entfernung vom Weg. Die Engländerin, die wir Cacol nannten und die wir sehr liebten, sah den Polizisten schon von weitem, dachte aber nicht daran, sich aus ihrer bequemen Lage zu erheben, und unterbrach mein Vorlesen nicht. Ich sah erst auf, als mir der Pickelhaubenschatten aufs Buch fiel, und erschrak, denn Schilder, die das Betreten der Rasenfläche verboten, standen überall. Der Polizist zog sein Notizbuch, jetzt, dachte ich, kommen wir ins Gefängnis, zu Wasser und Brot. Name und Adresse, sagte der Polizist streng, und Cacol nannte lächelnd eine ganz fremde Straße und einen fremden Namen, auch ich wurde von ihr umgetauft, ich war ihre Tochter und wohnte bei ihr. Wir gingen alle drei über den Rasen, und der Polizist verließ uns unfreundlich, wir würden von ihm hören, das leichtsinnige Lachen der Engländerin hatte ihn in seiner Beamtenehre gekränkt. Kaum, daß er um die Ecke war, fing ich an zu tanzen und zu springen, Gott sei Dank, daß niemand weiß, daß ich Rumpelstilzchen heiß. Ich empfand, was geschehen war, als Befreiung und malte mir aus, wie der Polizist uns in der fremden Straße suchen und nicht finden würde. Das englische Fräulein war in meinen Augen eine Heldin, und wie gern hätte ich wirklich in der unbekannten Straße und allein mit ihr gewohnt. Stolz erzählte ich zu Hause, was sie mir zu erzählen nicht verboten hatte. Daß daraufhin die Tage der lustigen Cacol, ihre Tage im Hause eines deutschen Offiziers, gezählt waren, konnte ich nicht begreifen.

[...]

WIE im ersten Jahrzehnt dieses Jahrhunderts die Kinder des deutschen Bürgertums, auch die Mädchen, in einer Art Uniform, in Matrosenkleidung, herumliefen, was wohl mit der Begeisterung des Kaisers für seine neue Kriegsmarine zu erklären war. Für die Jungen gab es ganze Anzüge aus dunkelblauem Tuch, lange Hosen und enge Blusen, Goldknöpfe und Mützen, die man tief in die Stirn setzte und auf deren Stirnband, genau über den Augen, in Goldbuchstaben der Name eines bestimmten Schiffes, S.M.S. Rügen, S.M.S. Helgoland stand. S.M.S. hieß Seiner Majestät Schiff, und vielleicht hatten manche Kinder unter diesem Kopfschmuck auch das Gefühl, selbst dem Kaiser zu gehören. Mir war die Tracht lästig, die plumpen Faltenröcke, der kratzige Stoff. Die Blusen hatten einen viereckig auf den Rücken fallenden Kragen, die Krawatten wurden als Knoten bereits geknüpft geliefert. Der ärgerlichste Bestandteil dieser militärischen Garderobe war für mich der sogenannte Latz, ein dreieckiges mit einem Anker besticktes Stück Wollstoff, das man in die Bluse einzuknöpfen hatte und das mir alles Häßliche und Beengende unserer Kindheit verkörperte. Auf dem Schulweg, gleich hinter dem Gartentor riß ich mir das verhaßte Ding vom Halse und steckte es in die Schulmappe, warf es auch einmal über eine Gartenmauer, wo ich es dann unter den demütigendsten Umständen wieder holen mußte. Die vielen kleinen Matrosen und Matrosinnen auf ihrem Weg in die Schule, und die Flotte im Krieg dezimiert, dann untätig, dann ein Herd der Revolution.

Anaïs Nin (1903–1977)

Kaum eine Autorin dieses Jahrhunderts hat ein so umfangreiches Werk hinterlassen wie Anaïs Nin. Im Mittelpunkt ihres Schreibens stehen ihre Tagebücher. Anaïs, die Tochter eines Komponisten und einer Sängerin, wurde in Paris geboren. Als sie elf Jahre alt war, trennten sich ihre Eltern, und sie ging mit ihrer Mutter und zwei Brüdern – Thorvald und Joaquinito – nach Amerika. In dieser Zeit begann sie, regelmäßig Tagebuch zu führen. Sie verdiente sich später ihren Lebensunterhalt als Malermodell und Mannequin und veröffentlichte Romane und Essays. Seit 1931 war sie mit Henry Miller befreundet, den sie sehr beeinflußte.

Die Ausschnitte aus ihren Tagebüchern, die hier zusammengetragen sind, beginnen im November 1915. Anaïs Nin ist zwölf Jahre alt und hat große Schwierigkeiten, sich an die «Neue Welt» Amerika zu gewöhnen. Das Heimweh nach Europa und die Sehnsucht nach ihrem Vater verlassen sie nicht. Heimlich wünscht sie sich, eine Heldin wie Jeanne d'Arc zu werden. Die Vierzehnjährige darf als Tänzerin in einem Theaterstück, das von Jeanne d'Arc handelt, mitwirken. Wie stark sie dieses Erlebnis beeindruckt, zeigen ihre Tagebucheintragungen vom Sommer 1917.

Anaïs Nin

Wird mich die Welt wie einen komischen Vogel betrachten?

17. November 1915

Wenn ich traurig bin, ist mein Tagebuch das einzige Wesen, mit dem ich lächle. Heute sind meine Tanten abgereist, und wieder bleiben wir allein. Ich bin immerhin ganz glücklich, wenn ich bedenke, daß Marraine noch einige Zeit hier bleibt, aber trotzdem bin ich traurig, daß Tante Antolina weg ist.

Sie sind mit dem Zug abgereist, und ich konnte sie heute morgen nicht sehen, erst kurz vor acht sind wir Auf Wiedersehen oder eigentlich Adieu sagen gegangen. Als Miguel Antonio mir die Hand geschüttelt hat, habe ich gedacht, daß ich solche Hände – die eines ehrlichen, gebildeten, respektvollen Ehrenmannes – nicht oft schütteln werde, denn diese Tugenden sind selten, jetzt, da sich alles «die moderne Zeit» als unwürdige Mutter gewählt hat, ein Ausdruck, der alle Laster beinhaltet, alle Unehre, die Entweihung des Heiligsten durch die Zeit, die Sitten, die Leute, die modernen Gesetze.

Als ich zum erstenmal seine Gestalt sah, spürte ich, daß meine Sympathie echt, aufrichtig war. Das geschieht immer, das ist doch natürlich, alle Freunde sind aufrichtig. Nein, für mich nicht. Ich bin wählerisch, und obwohl ich viele Leute kennengelernt habe, obwohl ich mit vielen Leuten zu tun hatte, ist aus dieser Masse von Charakteren doch nur eine ganz kleine Gruppe übriggeblieben.

18. November

Nach einem ganz einfachen Tag, nachdem ich meine Lektionen gelernt, gestrickt und gelesen habe, komme ich endlich dazu, ein wenig mit meinem Tagebuch zu plaudern. Das ist eine Sache, worüber ich nachdenken mußte: Ich fühle mich anders als alle anderen Leute. Ich habe bemerkt, daß kein Kind aus meiner Klasse, meines Alters, so denkt wie ich. Sie

sind sich alle irgendwie ähnlich, in allem stimmen sie überein. Ich weiß nicht, wie es mit den Gedanken der Leute ist, mit dem Leben der Modernen, den Zielen aller Herzen. Anstatt daß sie meine Brüder wären, sind es alles Fremde. Meine Wünsche, meine Träume, mein Streben, meine Einstellungen sind ganz anders. Warum bin ich nicht wie alle anderen? Wie ich zufällig ein paar Zeilen aus diesem Heft überflogen habe, da habe ich mir gesagt: Ja, diese Gedanken sind meine Gedanken, aber sie sind ganz entgegengesetzt. Bin ich womöglich ein *Original,* wie man so schön sagt? Wird mich die Welt wie einen komischen Vogel betrachten? Wenn ich auf diesen Seiten so meine Eindrücke wiederentdecke – gewiß, ich wollte nicht dem, was man heute denkt, widersprechen, und doch, wenn ich es wieder lese und mich in die Rolle einer Geschiedenen, einer Frivolen, einer wilden Verschwenderin, einer, die nur die Freuden mag, kurz, einer heutigen Frau versetze, dann denke ich, daß meine Gedanken dem, was man Glück nennt, zuwiderlaufen. Ich schimpfe über die Scheidung, ich übe Kritik an den eitlen, gefallsüchtigen Frauen, ich verachte das Moderne. Es wäre besser, wenn ich verborgen und arm leben würde, denn mit solchen Einstellungen wird man mich verstoßen, das ist ganz natürlich. Aber trotzdem, es wird mir nicht leid tun. Wenn ich diese Seiten immer und immer wieder lese, dann freut es mich, sagen zu können: Das ist eine besondere Geschichte. Was soll's, wenn niemand sie versteht! Schreibe ich denn für alle? Nein! Nur für mich, für mich ganz allein, meine Sprache ist unbekannt. Welch eine Freude, wenn man mich verachtet, mein verborgener Schatz gehört eben nur mir. Wenn das Ende einmal kommt, dann werde ich diese Seiten verbrennen, und die auf diese Seiten gekritzelten Gedanken werden mit derjenigen, die sie ausgesprochen hat, in der Ewigkeit weiterleben.
Gewiß, wenn mich jemand versteht, wenn jemand diese widersprüchliche Sprache vernimmt, diese ganz neuartigen Eindrücke, diese Gedanken, diese schwärmerischen Träume, die mit mir den langsamen Berg meines Lebens besteigen, gewiß, es würde mich freuen! Da dies aber nicht eintreten wird, betrachte ich diese Eindrücke als mein Eigentum. Wenn sie aus Unachtsamkeit nach mir weiterbestehen sollten, wer-

den sie mehr wissen als ich; nachdem sie dann noch eine Weile auf Erden herumgelegen haben, nachdem man sie vielleicht gelesen und verachtet hat, werden diese Träume sterben. Sie werden ohne Flügel nicht mehr herumflattern können, denn diese Flügel werden, wenn ich einmal weg bin, diese Welt noch ein letztesmal verfluchen und dann aufsteigen ins Unendliche, wo sie sich mit der einzigen Seele, die sie verstanden, empfunden, geträumt hat, vereinigen werden. Auch wenn ich meine Gedichte schreibe, will ich nicht bewundert werden; ich möchte nicht, daß sie gelesen werden, sie gehören mir, mir ganz allein. Ich werde sie lesen, um mich an das zu erinnern, was ich gefühlt habe, aber sie werden diese Welt mit mir verlassen, denn sie sind nicht dafür geschaffen, sondern für den Traum, das Unendliche, für den Horizont und das Vergessen, das ihr Herr sein wird.

23. November
Mama hat Besuch. Ich habe im Schlafzimmer das Licht ausgemacht, und da nun Mama meine Traurigkeit nicht sehen kann, habe ich das Fenster geöffnet, mich in einen dicken Schal gehüllt, denn es ist kalt, und lange die kalte Abendluft eingeatmet. Die Aussicht ist nicht sehr schön: eine schmutzige Garage, zwei hohe Häuser, und gegenüber noch ein Haus, ein ganz schwarzes, trauriges. Das war so traurig zusammen mit meinem tiefen Schmerz, daß ich die Augen in einem Gebet zum Himmel gerichtet habe. Der dunkelblaue Himmel schien stumm diesem Gebet gegenüber, obwohl es so inbrünstig war. Ich bin, ich fühle mich unglücklich. Um mich zu erleichtern, weine ich, aber dann schäme ich mich und trockne schnell meine Tränen; dann habe ich die Augen zugemacht, den Kopf gesenkt, und wie unter einer schweren Last geknickt bin ich so stehen geblieben und habe in diese geheimnisvolle Nacht hinaus meine ganze Bitterkeit, meinen tiefen Schmerz ausgeschüttet, diesen unaufhörlichen Schmerz, den keine Medizin heilen kann und der mein Herz verletzt, der aus meinem Leben einen einzigen Schmerzensschrei macht. Aber plötzlich taucht vor mir das Bild des jungen Miguel Antonio Riva auf, und mir scheint, daß er mich mitleidsvoll anblickt. Warum überrascht mich sein Bild in den Augenblicken der schmerzli-

chen Träumerei? Und doch bin ich nicht mehr so traurig, ich beginne an ihn zu denken, ich erinnere mich an den ersten Augenblick unserer Begegnung, als Tante Antolina ihn mir vorstellte: Er verbeugte sich und gab mir lächelnd die Hand. Ich erinnere mich gern an seine Worte, an die Antworten auf die Worte meiner Tante: «Das ist die Französin.» Er sagte: «Sie ist hübsch.» Er schien es ehrlich zu meinen, das war das erstemal, daß mir jemand so was sagte.
Ach, mein Tagebuch! Was ist denn mit mir los? Wie und warum muß ich ständig von Miguel Antonio sprechen? Wie kommt es, daß die Erinnerung an ihn die sich aus meinem Herzen ergießende Bitterkeit unterbrechen kann? Warum vermochte sein Bild meinen Schmerz zu lindern? Was ist das für eine Leidenschaft, die mich aufwühlt? Ich erinnere mich an den Text eines Liedes «Flieht, junge Mädchen, die Liebe». Oh, was für ein großes, übertriebenes Wort, ich übertreibe, oh, ich bin bestürzt. Schon darüber zu schreiben verwirrt mich und ich sage mir: Oh, flieh hinweg von mir, du kannst nicht mein Freund sein. Ich verwerfe also diese ganzen Dummheiten und diese Torheiten und wiederhole die einzig wirkliche und einfache Wahrheit: Miguel Antonio war mir einfach lieber als alle Freunde aus meinem – natürlich sehr kleinen – Bekanntenkreis. Wo ist mein Standort auf dieser Welt?
Meine Augen werden lebendig, ich will mit meinen Blicken die dunkle Nacht durchbohren, in der die Geheimnisse der Zukunft verborgen liegen, und ich verwerfe einen glücklichen und törichten Jugendtraum und sage mir: Mein Platz ist der einer Verworfenen, einer Verachteten, die niemand liebt. Das ist streng, aber auf diese Weise kann meine Seele, vom Diesseits befreit, sich ins Unendliche erheben, in den blauen Himmel, in die Welt der Träume. Das «Leben» – ein Wort, das allen Schmerz und alle Leidenschaft zusammenfaßt, die uns gefangennehmen und uns erst mit dem Tod verlassen. Das «Leben» – ein finsteres Wort, das auf meinem Herzen lastet, das sich nähert. Es beginnt, das Leben, wenn man erwachsen ist, ohne Eltern, um es zu beeinflussen. Mein Leben nähert sich. Bald werde ich Papa und Mama unterstützen müssen. Ich werde leben müssen, *ich*. Wenn man mich verachtet, wird das Leben für mich etwas Verschmähtes sein. Das Leben wird

nicht mehr mein Partner sein. Der Traum, das ist mein Leben; der Traum, ein Leben, das den Einsamen, wie ich es sein werde, unterstützt, denn ich sage es noch einmal, kein Mann wird mein Herr sein wollen. Ein Charakter wie meiner ist dazu geschaffen, nur mit der Einsamkeit vereint zu leben.
Neulich am Abend wurde das geheizte, hell erleuchtete Wohnzimmer plötzlich still. Mama war am Lesen, Thorvald auch, Joaquinito übte fleißig das Alphabet und ich strickte. Beinahe wäre ich in Tränen ausgebrochen und hätte meine Traurigkeit gezeigt. Der Gedanke, der diesen Augenblick gestört hatte, war folgender:
Papa allein fehlt mir, oh, Papa, Papa, wie oft entwich meinen Lippen dieser Ruf, wie ein Hilfeschrei. Papa, Papa! Komm doch, komm, laß mich glücklich sein, laß mich in der Wirklichkeit leben.

22. Mai 1917
Es ist ungefähr neun Uhr. Mama ist einen Augenblick weggegangen, um Briefmarken zu holen. Ich schreibe im Bett, aber heute abend bin ich im Gegensatz zu sonst nicht schlecht gelaunt.
Um halb sechs heute nachmittag war ich gerade beim Schaukeln im Garten. Mama hatte mir Locken gemacht, und meine Haare bedeckten abwechselnd mein Gesicht und dann schienen sie wieder um mich herumzutanzen. Ich dachte wirklich an gar nichts, als Thorvald mich plötzlich rief. Er saß unweit von der Schaukel und war damit beschäftigt, mit seinem Taschenmesser ein Boot zu schnitzen.
«Anaïs!»
«Was?»
«Ich muß dir was Wichtiges sagen!»
«Sag schon, ich hör' dir zu.»
«Glaubst du, daß du hübsch bist?»
«Ach, Thorvald, du machst dich wohl lustig. Du weißt ganz genau, daß ich es nicht glaube, und außerdem habe ich dich auch davon überzeugt, daß ich nicht hübsch bin. Also, was willst du?»
«Aber ich kenne jemanden, der dich hübsch findet», sagte Thorvald etwas spöttisch.

«Wer?»
«John O'Connell, er hat es mir gesagt.»
Ich errötete, und Thorvald, der mich wahrscheinlich beobachtete, fügte hinzu:
«Er hat mir auch gesagt, daß er dich als sein ‹girl› gewählt hat.» Vor Schreck bin ich fast von der Schaukel gefallen, und wenn Thorvald mich nicht festgehalten hätte, wäre ich ganz schön durch die Gegend gepurzelt. Thorvald mußte es mir dreimal sagen, und ich konnte es nicht glauben. Jetzt ist es passiert. Ich habe John O'Connell lieber als die anderen Jungen meiner Klasse, und nun sagt er meinem Bruder, daß er mich als sein «girl» gewählt hat. Während ich das schreibe, lächle ich. Ich lächle in aller Ruhe, zufrieden, aber etwas spöttisch. Mein Gott! Was für ein kleines Mädchen bin ich noch! Ist das möglich? Ein Mädchen mit vierzehn Jahren! Ja, mein liebes kleines Tagebuch, es ist wahr! Deine närrische kleine Vertraute hat ihren Kavalier gesucht, ihren winzigen, lieben, kleinen (amerikanischen) Kavalier ... Aber er hat schöne blaue Augen, so nette Manieren, und er ist lieb, mehr will ich nicht. Wenn ich jetzt Luftschlösser baue, wenn ich von Märchenreisen träume usw., dann werde ich an John O'Connell denken. Komme, was kommen mag! Es ist ein Spiel in der Schule, ein kleiner, närrischer Einfall von kleinen Mädchen, die zuviel lesen, so wie ich, und die – leider! – zu sehr das lebendige Abbild der Helden suchen, deren Leben sie gelesen haben. Ich lächle noch immer ... Ich lächle, wie ich immer über solche Spielchen lächeln werde, die später einmal ernst werden. Mein Lächeln bedeutet nichts für denjenigen, der es nicht versteht, aber wenn mein Tagebuch mich sehen könnte, würde es sagen: «Immer, nie; nie, immer», weil es verstanden hätte, was ich damit meine: «nie verstehen, immer lächeln.»
Ich lächle, weil ich nicht verstehe, was ich nicht fühle, und wenn ich es eines Tages verstehe, dann werde ich nicht mehr lächeln. A. N.

3. Juni

Schließlich, liebes Tagebuch, habe ich in mir selbst genügend Mut geschöpft, um Dich aufzuschlagen und deinen weißen Seiten gegenüberzusitzen, die nach Geständnissen rufen und

in mein Herz tauchen, um es so weiß zu machen wie die Seiten, auf die ich gerade schreibe.
Seit meiner letzten Eintragung, seit dem 22. Mai also, ist etwas geschehen, etwas, was in mir ein neues Gefühl geweckt hat. Ich bin sehr ungeduldig, aber ich halte mich zurück und erzähle der Reihe nach.
23. Mai: Ich beschäftige mich im Garten, lese, arbeite, aber schreibe nicht, da ich mir selbst gegenüber schlecht gelaunt bin, ich fürchte die weißen Seiten meines lieben Tagebuches. Ebenso am 24. und am 25. Mai. Am 26. Mai gehe ich in die öffentliche Bücherei und leihe mir ein *housekeeping*-Buch (Haushaltungsbuch). Mich packt eine plötzliche Liebe zur Ordnung, zur Küche, ein plötzliches Bedürfnis, nützlich zu sein und das Träumen aufzugeben. Ich lege meine Bücher weg, binde mir eine Schürze um und sperre mich in der Küche ein, ich backe Plätzchen, und sie gelingen mir. Thorvald und Joaquinito probieren sie, kurz danach Mama auch. Ich entdecke einen völlig neuen Spaß: Ich freue mich, wenn man mich «Köchin» nennt und darüber, daß ich etwas kann. Nun ist es also soweit. Ich werde ordentlich, ruhig und nützlich. Jeden Morgen nehme ich mir vor, tagsüber an etwas zu denken, was mich glücklich macht. Mama nennt mich lächelnd ihren kleinen *housekeeper*, und ich merke natürlich, daß sie denkt, es wird nicht lange anhalten.
26. Mai: Mein Schrank ist vollkommen aufgeräumt, ich backe wieder einen Kuchen, der ebenfalls gelingt und ich bin glücklich. Ich schreibe nicht, aber das liegt daran, daß Thorvald mein Tagebuch versteckt hat, um mir einen bösen Streich zu spielen, und ich kann es nicht wiederfinden.
27. Mai: Ich gehe wie üblich zur Schule, ich lese das Leben von Jean de la Fontaine und stelle fest, daß er von der Schule das gleiche denkt wie ich. Aber ich verstehe, warum. Er ist ein Träumer, er denkt nicht ständig an die Dummheiten, die man an diesen Orten lernt, und da er sensibel und sanft ist, leidet er darunter. Ich bin auch eine Träumerin, ich leide, aber nicht, weil ich sensibel und sanft bin, sondern weil ich zu ehrgeizig bin, ich habe zuviele Idealvorstellungen, und die Brutalität der Lehrer und der Lehrerinnen verletzt mich, ärgert mich, und ich leide darunter.

27. Mai: Mama hat es verboten, die Glastür zur *pantry* zuzuschlagen; zufällig ist sie mir an diesem Nachmittag aus der Hand gerutscht und ist zugeknallt. Ich bin trotzdem die Treppe rauf, aber als ich oben war, dachte ich, daß Mama schimpfen würde, und da bin ich wieder runter: leise habe ich die Tür noch einmal auf- und wieder zugemacht und habe mich auf diese Weise selbst bestraft. Als ich das Mama erklärt habe, hat sie mich so komisch, so erstaunt und merkwürdig zugleich angeschaut, daß ich in diesem Augenblick dachte, daß sie meinen Charakter wohl sehr merkwürdig findet.
28. Mai: Wir waren im Kino mit Mama und hatten sehr viel Spaß.
29. Mai: Nach und nach wird die Schule abgerissen. Die Klasse wurde jetzt in die Kirche verlegt, wo wir mit Miss Hebrume als Lehrerin Unterricht haben.
30. Mai: Ich finde mein Tagebuch wieder in einer Schachtel voller Papiere. Ich bin wütend auf Thorvald, aber in dem Augenblick, in dem ich mich zum Schreiben hinsetze, kommt Besuch, und Mama läßt uns allein. Natürlich fängt Joaquinito an, er läßt mich nicht in Ruhe, und es ist unmöglich zu schreiben. Onkel Henri ist vom Land zurückgekommen, wo er ein paar Tage verbracht hat. Tante Edelmira wurde am Blinddarm operiert, gestern, glaube ich. Sie ist gerettet, die Operation ist gelungen. Onkel Gilbert wartet in Kew Gardens auf seinen Stellungsbefehl, denn jetzt, wo Amerika Deutschland den Krieg erklärt hat, halten sich alle bereit.
31. Mai: Madame Carlo Polifeme ruft Mama an und bittet sie, mich morgen abend um halb neun zu ihr zu bringen. Ich erinnere mich sehr gut an diese Dame, die mir vor eineinhalb Jahren ein Buch mit Widmung geschenkt hat, das sie selbst geschrieben hatte:
«Mutter, segne mich, ich liege
Dir zu Füßen.»
Für Mademoiselle Anaïs Nin.
Ich bin bereit und freue mich.
1. Juni: Ich bin dort gewesen. Wir haben gesungen und getanzt. Ich soll als Tänzerin in *Jeanne d'Arc à Domremy* mitwirken.
2. Juni: Ich war wieder da. Es war Generalprobe. Ich bin

ziemlich aufgeregt, wenn ich daran denke, daß ich zum erstenmal einem *Publikum* gegenüberstehen werde. Mama hat mir schöne Lackschuhe, Strümpfe und seidene Handschuhe gekauft.

3. Juni: Es ist gelaufen, es ist vorbei; folgendermaßen: Um halb drei ist Marraine gekommen, denn Mama hatte weggehen müssen. Wir sind mit dem *Subway* gefahren, und zehn vor drei waren wir in der 14. Straße. Wir sind in das Union Square Theater durch eine kleine niedrige Tür eingetreten, an der ein Schild hing: «Bühneneingang». Marraine und ich befanden uns in einem großen Saal. Überall saßen auf Stühlen halb angezogene Frauen herum, die rauchten und redeten. Na ja, wir hatten es da mit Leuten von der schlimmsten Sorte zu tun, solche Leute eben, die das Vaudeville ausmachen. Aber wir haben uns das nicht lange angesehen, Madame Polifeme ist auf uns zugekommen; sie gab mir mein Kostüm und führte uns in einen niedrigen kleinen Raum voller roher Holztische, einigen fehlten sogar Beine. In diesem Raum waren schon mehrere junge Mädchen und zogen sich um. Es roch nach Wein und Zigaretten, und alle fanden den Raum ekelerregend.

Mit Hilfe von Marraine habe ich mich angezogen. Ich hatte mein Kleid ausgezogen und mußte nun eine kleine weiße Bluse anziehen, einen langen, dunkelgrünen Rock mit einem schmalen, schwarzen Samtband am Saum, und ein Mieder aus schwarzem Samt, das vorne zugeschnürt wurde. Als ich auch noch die kleine schwarze Schürze anhatte, sah ich wirklich aus wie ein Bauernmädchen aus Lothringen; das sollte so sein. Ich habe meine Haare gelöst und ein weißes Häubchen mit einem schmalen schwarzen Samtband aufgesetzt. In diesem Augenblick kam Mama mit Madame de Sola, und im selben Moment kam auch eine der Damen herein mit einer Dose roter und einer Dose blauer Paste und bot mir an, mich zu schminken, denn, sagte sie lachend, im grellen Theaterlicht würde ich sonst wie ein Gespenst aussehen. Sie hat mir Rouge auf die Wangen und auf die Lippen aufgetragen und blaue Schminke auf die Augen, damit sie größer wirkten. Ich habe sehr gelacht, denn ich sah sehr komisch aus. Ich fand mich komisch, aber Emilia, die auch gerade gekommen war, sagte, ich sei sehr hübsch; Mama lächelte auf eine Weise, die sagen wollte: «Vielleicht!», Marraine auch, und Madame de Sola sagte, ich sei wirklich sehr hübsch. Ach, mein Tagebuch, was hättest Du gedacht, wenn Du mich gesehen hättest, wie ich plötzlich errötete und voller Scham lächelte auf eine Weise, die sagen wollte: «Ich möchte ja gern!» Weißt Du, an wen ich gedacht habe? An John O'Connell! Gut so, es genügt, jetzt habe ich gesagt, was mir am schwersten fiel, also weiter. Als ich fertig angezogen war, war es erst halb vier, und das Stück begann um halb fünf. Mit einem Mädchen, das sehr hübsche Haare hatte, die so lang waren wie ihr Kleid, und mit der Gesangslehrerin, Mademoiselle Victor, sind wir ein bißchen herumgegangen. Nach einer Weile befanden wir uns plötzlich hinter der Bühne. Es wurde gerade eine kleine Komödie gespielt. Stell dir vor, mein Tagebuch, ein riesiger, dreckiger Vorhang, nur alte, verschossene Farbe auf der anderen Seite der Bühne. Und der Hintergrund, der von weitem so hübsch aussieht, ist von einer scheußlichen, abgebröckelten, verblichenen alten Farbe. Die Möbel sind alt und die Seidenstoffe zerschlissen, aber von all dem sieht das Publikum nichts. Eine Dame bricht in Tränen aus, wie es das Stück vorschreibt, und geht dann von der Bühne ab; kaum ist sie hinten, fängt sie einfach an zu lachen! Dann die Aufregung des Mannes, der den Vorhang zieht, beim geringsten Zeichen des Mannes, der alles dirigiert; die Vielzahl der Leute in Kostümen, die immer wieder hinter der Bühne vorbeigehen und dabei leise etwas vor sich hinflüstern, was keiner versteht, was aber wahrscheinlich der Text ist, den sie in ein paar Minuten zu sagen haben; das Hin und Her derjenigen, die dirigieren, und wenn der Vorhang fällt, wenn man sich beeilt, um die Bühne zu verändern, wenn etwas kaputtgeht und der Schreiner herbeieilen muß; die Momente, wo plötzlich kein Licht mehr ist, weil der Mann, der sich ums Licht kümmern muß, sich geirrt hat, die Aufregung, all diese verschiedenen Geräusche, diese Leute, die es immer eilig haben und nur an sich und das, was sie gleich tun werden, denken; all das erweckt in mir eine seltsame Empfindung, die mit Erstaunen, Bewunderung und Verwirrung zu tun hat.

An dieser Stelle hinter der Bühne schaute ich mir die Augen

aus dem Kopf; vielleicht werde ich eine Bühne nie wieder von hinten sehen; ich fühlte mich plötzlich von dem gleichen Fieber ergriffen, von der gleichen allgemeinen Aufregung, die das Leben der Menschen hinter der Bühne beherrschen. Manchmal neigte ich mich ein bißchen vor und sah das Publikum, das zischte und applaudierte, aber ohne Aufregung, denn diese Leute haben keine Ahnung von diesem Fieber, das diejenigen ergreift, die arbeiten, um das Publikum zum Lachen, zum Weinen, zum Klatschen zu bringen. Ich dachte mir, daß auch ich oft auf diese Weise geklatscht und gelacht habe, weil ich alles für ganz leicht hielt und mir vorstellte, daß dies alles ganz leicht herzustellen sei, aber in diesem Augenblick nahm ich mir vor, nie mehr ausschließlich für das, was ich sehe, zu applaudieren, sondern auch für das, was ich nicht sehe hinter der Bühne. Nun kenne ich die Geheimnisse aus den Kulissen und ich glaube, es wird mir in Zukunft unmöglich sein, einer langen Rede zuzuhören auf dem Theater, wenn ich weiß, was diese Rede an Arbeit gekostet hat; anstatt dieser Rede zuzuhören, weiß ich, daß ich mich von nun an hinter die Bühne versetzen werde, wo diese Person einen Augenblick vor sich hin geflüstert und aufgeregt mit der Hand oder mit dem Fuß auf etwas herumgetrommelt hat.
Nun bin ich in der Lage, hier alles aufzuschreiben, was ich im Augenblick dachte, als ich einen kleinen Teil des Publikums beobachtete und ein bißchen dem Stück zuhörte und ganz in meiner Nähe allerlei geheimnisvolle Geräusche wahrnahm, die Geräusche der Kulissen!...
«Meine Damen, halten Sie sich bereit!» Das war Madame Polifemes Stimme, die nun auch etwas nervös klang.
Wir machen uns fertig. Ein grüner Rock, ein roter Rock usw., und auch wir flüstern aufgeregt den Text unseres Liedes. Ich nahm mir vor, während meines Auftrittes das Publikum nicht anzusehen, denn ich hatte Angst, Lampenfieber zu bekommen, wie Mama das nennt.
Jeanne d'Arc tritt auf; was sie sagt, dringt wie ein undeutliches Geräusch zu meinen Ohren, ich höre nichts; mir ist sogar, als sähe ich nichts mehr. Ich weiß nur, daß ich in diesem Augenblick in den Tanz mitgerissen wurde.

«Je ne suis pas si vilaine
Avec mes sabots
Puisque le fils du roi m'aime ...»
«Ich kann nicht so häßlich sein
Mit meinen Holzschuhen,
Wenn der Sohn des Königs mich liebt» usw.

Ich singe, aber sehe nichts, ich singe, aber ich weiß nicht mehr, wo ich bin. Ich weiß, daß wir einen Fehler gemacht haben, aber keiner hat es bemerkt. Endlich sind wir wieder hinter der Bühne! Ich bin völlig betäubt. Wenn man mich in diesem Augenblick nach meinen Eindrücken gefragt hätte, ich hätte geantwortet: «Leere! Nichts! Absolut nichts!» Einen Augenblick aber, glaube ich, wagte ich es aufzuschauen, und in Richtung *Zuschauer* habe ich ... ein großes, schwarzes Loch gesehen und nur ein paar Gesichter, das ist alles.
Beim zweitenmal bin ich mutiger und schaue, da sehe ich Beifall klatschende Hände. Als wir abgingen nach dem Gebet, verfolgte mich dieses Geräusch des Beifalls noch lange. Es war nicht für mich, es war für uns alle, aber eine innere Stimme flüsterte mir zu: «Diesen Beifall möchtest du für dich haben!» Wieder einmal wurde mir klar, daß ich geschaffen bin, um Beifall zu hören, ich mag das, und es kamen mir Zweifel.
Ist es der Ruhm, den ich haben will?
Offenbar ist es zu Ende, aber ich träume noch von diesem Augenblick, in dem ich nur applaudierende Hände und Lichter gesehen habe und an Stelle der Zuschauer eine undefinierbare, geheimnisvolle, undeutliche Finsternis. Marraine, Felo, Thorvald, Joaquinito, Onkel Henri, Madame de Sola sind da. Man begrüßt mich, man beglückwünscht mich, Felo gibt mir einen *shake-hand*, Marraine umarmt mich, Joaquinito streicht mir über das Haar, Thorvald bindet sich meine kleine Schürze um, aber ich träume noch immer ...

Erst in der Stille des kleinen Raumes, beim Umziehen, bin ich aufgewacht. Dieses Aufwachen war sehr fröhlich, denn ich hatte geglaubt, es sei alles gar nicht wahr ...
Ich habe mein Kostüm ausgezogen, mich von Madame Poli-

feme und den anderen jungen Mädchen verabschiedet und bin mit Mama weggegangen, die das «mein Debüt» nannte.
«Hat es dir Spaß gemacht, Mädchen?»
«Oh, ja!»
Ich habe das einfach so dahingesagt, denn ich dachte noch immer an diesen Augenblick, als ich mich zum erstenmal auf der Bühne befand, taub, blind, betäubt, gefühllos, außer für dieses große schwarze Loch mit Händen, die applaudierten.
Geliebtes Tagebuch, ist das nicht wieder ein Zeichen dafür, daß meine Berufung mich dazu führt, den Beifall zu suchen? Ich glaube schon, und ich habe wieder angefangen zu träumen . . .

Simone de Beauvoir (geb. 1908)

In Paris, wo Simone de Beauvoir geboren wurde, verbrachte sie auch ihre Jugendjahre. Sie besuchte die katholische Mädchenschule «Cours Désir» und galt zu Hause als «Musterkind». «Ich will eine berühmte Schriftstellerin werden», schrieb die Fünfzehnjährige einer Mitschülerin ins Album – und sie erreichte ihr Ziel, Simone de Beauvoir studierte Philologie, dann Philosophie. Nur ganz allmählich wagte sie es, sich von ihrem strengen Elternhaus zu lösen. (Selbst als Studentin durfte sie abends nicht allein ausgehen!)
1943 erschien ihr erster Roman (Sie kam und blieb), 1949 ihr berühmtes Buch «Das andere Geschlecht», mit dem sie zur Wegbereiterin des modernen Feminismus wurde.
Auf den folgenden Seiten, die ihrem Buch «Memoiren einer Tochter aus gutem Haus» entnommen sind, erzählt sie von ihrer Schulzeit in Paris. Noch ist sie ein anpassungsfähiges, braves kleines Mädchen, doch es geschieht etwas Unerwartetes in ihrem Leben: Sie schließt eine Freundschaft, die sie für immer prägen wird. Die «Zaza», von der hier die Rede ist, wurde für die Schriftstellerin Simone de Beauvoir eine Gestalt, die sie später in ihren Romanen auch für andere lebendig und unvergeßlich zu machen versuchte.

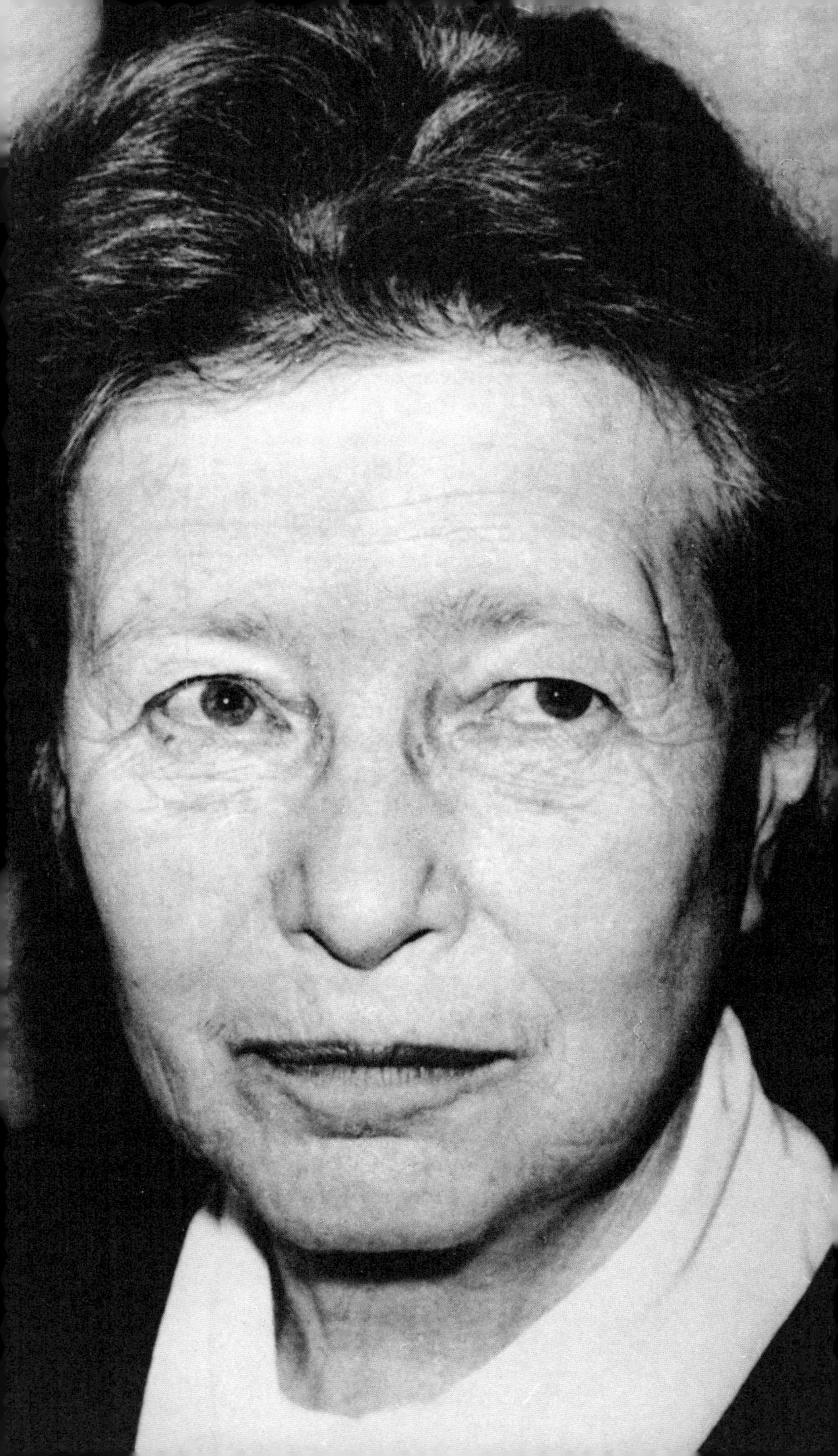

Simone de Beauvoir

Ich hatte das Glück, der Freundschaft zu begegnen

An dem Tage, als ich in die Vier A eintrat – ich war damals fast zehn Jahre alt –, hatte eine Neue den Platz neben meinem eingenommen, ein dunkles kleines Mädchen mit kurzgeschnittenem Haar. Als wir am Ende des Unterrichts auf Mademoiselle warteten, kamen wir ins Gespräch. Sie hieß Elizabeth Mabille und war so alt wie ich. Der Unterricht, den sie zuerst im Elternhause erhalten hatte, war durch einen schweren Unfall unterbrochen worden; auf dem Lande war beim Kartoffelrösten ihr Kleid vom Feuer erfaßt worden; ihr Schenkel trug eine Verbrennung dritten Grades davon, sie hatte nächtelang geschrien vor Schmerz. Ein Jahr lang hatte sie liegen müssen; unter ihrem Faltenrock war das Fleisch noch wulstig aufgeschwollen. Etwas derart Außergewöhnliches war mir nie zugestoßen: sie kam mir daraufhin sofort wie eine Persönlichkeit von Bedeutung vor. Ich war erstaunt, wie sie mit den Lehrerinnen sprach; ihre natürliche Art stand im Gegensatz zu den stereotypen Stimmen der anderen Schülerinnen; sie machte wundervoll Mademoiselle Bodet nach; alles, was sie sagte, war interessant oder amüsant.
Trotz der Lücken, die sich aus ihrer erzwungenen Muße ergaben, reihte Elizabeth sich bald unter die Ersten der Klasse ein; im Aufsatz allerdings blieb ich ihr überlegen. Unser Wetteifer gefiel unseren Lehrmeisterinnen, sie förderten unsere Freundschaft daraufhin. Bei der kleinen Festlichkeit, die alljährlich um Weihnachten herum stattfand, ließen sie uns zusammen ein kleines Lustspiel aufführen. In einem rosa Kleid, das Gesicht von langen Locken umgeben, stellte ich Madame de Sévigné als Kind dar; Elizabeths Rolle war die eines turbulenten jungen Vetters; ihr Kostüm stand ihr reizend, sie entzückte die Zuhörerschaft durch ihre Lebhaftigkeit und Natürlichkeit. Die Proben, unser gemeinsames Auftreten im Rampenlicht

führten uns noch näher zusammen; wir hießen seitdem «die beiden Unzertrennlichen».
Mein Vater und meine Mutter fragten sich lange Zeit, welchem Zweig der verschiedenen Familien Mabille Elizabeths Eltern angehören könnten; sie kamen schließlich zu dem Ergebnis, daß sie mit ihnen wahrscheinlich entfernte gemeinsame Bekannte hätten. Ihr Vater war Eisenbahningenieur in ziemlich hoher Stellung; ihre Mutter, eine geborene Larivière, gehörte einer Dynastie von kämpferisch hervorgetretenen Katholiken an; sie hatte neun Kinder und war bei allen Werken der Nächstenhilfe von «St. Thomas von Aquin» mitbeteiligt. Manchmal erschien sie in der Rue Jacob. Sie war eine schöne Vierzigerin, dunkel, mit feurigen Augen und einem weichen Lächeln; um den Hals trug sie ein schwarzes Samtband mit einem antiken Schmuckstück als Verschluß. Durch ihre distinguierte Liebenswürdigkeit wurde ihre natürliche königliche Würde ein wenig gemildert. Sie gewann Mama für sich, indem sie sie «Kleine Frau» nannte und ihr sagte, sie sehe aus, als ob sie meine ältere Schwester sei. Jedenfalls erhielten wir beide, Elizabeth und ich, die Erlaubnis, miteinander zu spielen.
Das erste Mal begleitete mich meine Schwester in die Rue de Varennes; wir waren beide recht aufgeregt. Elizabeth – die im Familienkreise Zaza genannt wurde – hatte eine große Schwester, einen großen Bruder, sechs Brüder und Schwestern, die jünger waren als sie, und einen Haufen von Vettern und kleinen Freunden. Sie liefen, sprangen, schlugen sich, stiegen auf die Tische, stießen die Möbel um und vollführten ein großes Geschrei. Als gegen Ende des Nachmittags Madame Mabille ins Zimmer trat, hob sie einen Stuhl auf und trocknete lächelnd eine heiße Kinderstirn; ich staunte über ihre Gleichgültigkeit gegen Beulen, Flecke und zerbrochene Teller; sie wurde niemals böse. Ich selbst mochte diese kleinen Unbande nicht besonders gern, und sehr häufig hatte auch Zaza genug von ihnen. Wir flüchteten uns dann in Herrn Mabilles Büro, fern von allem Tumult, und unterhielten uns. Das war ein ganz neues Vergnügen. Meine Eltern sprachen zu mir, und ich sprach zu ihnen, aber nie führten wir miteinander ein Gespräch; zwischen meiner Schwester und mir bestand nicht

die Distanz, die für einen Austausch unerläßlich ist. Mit Zaza führte ich richtige Unterhaltungen wie am Abend Papa mit Mama. Wir sprachen von unseren Schulaufgaben, unserer Lektüre, unseren Kameradinnen, unseren Lehrern, von dem also, was wir von der Welt kannten, nicht aber von uns selbst. Niemals arteten unsere Gespräche in Vertraulichkeit aus. Wir erlaubten uns keine allzugroße Annäherung. Wir sagten einander förmlich ‹vous›, und außer am Schluß von Briefen gaben wir uns keinen Kuß.

Zaza liebte wie ich die Bücher und das Lernen; außerdem war sie mit vielen Talenten begabt, die mir fehlten. Manchmal fand ich sie, wenn ich in der Rue de Varennes schellte, damit beschäftigt, Rahmbonbons oder Karamellen herzustellen; sie steckte Orangenviertel, Datteln oder Backpflaumen auf eine Stricknadel und tauchte sie in eine Kasserolle, in der ein sirupartiges Gemenge kochte, das nach heißem Essig roch; die so zubereiteten Früchte sahen ebenso gut aus wie die beim Konditor. In einem Dutzend Exemplaren stellte sie durch Polykopie eine ‹Familienchronik› her, die sie jede Woche zu Nutz und Frommen ihrer nicht in Paris lebenden Großmütter, Onkel und Tanten herausgab; ebensosehr wie ihre lebendige Art des Erzählens bewunderte ich ihre Geschicklichkeit, eine Sache herzustellen, die aussah wie eine wirkliche Zeitung. Sie nahm mit mir zusammen ein paar Klavierstunden, wurde aber schnell in eine höhere Abteilung eingestuft. Obwohl sie schwächlich und mit dürftigen Beinen ausgestattet war, vollführte sie nichtsdestoweniger tausend körperliche Heldenstücke; in den ersten Frühlingstagen suchte Madame Mabille mit uns einen blühenden Platz der Umgegend auf, es war Nanterre, glaube ich. Zaza schlug auf dem Grase Rad, sie machte eine Grätsche und versuchte sich in allen möglichen Arten von Purzelbäumen; sie kletterte auf die Bäume und hängte sich mit den Füßen an den Zweigen auf. In allem, was sie tat, bewies sie eine Leichtigkeit, die mich mit staunender Bewunderung erfüllte. Mit zehn Jahren lief sie mutterseelenallein auf den Straßen umher; nie nahm sie im Cours Désir meine gespreizten Manieren an; sie sprach zu den Damen dort in einem höflichen, aber unbefangenen Ton, fast von gleich zu gleich. Eines Tages erlaubte sie sich bei einem Kla-

viervorspiel eine Kühnheit, die als Skandal empfunden wurde. Der Festsaal war mit Gästen gefüllt. In der ersten Reihe erwarteten die Schülerinnen in ihren besten Kleidern, schön gelockt und frisiert, mit Schleifen im Haar, den Augenblick, in dem sie ihre Talente vorführen sollten. Hinter ihnen saßen die Lehrerinnen und Aufsichtspersonen in seidenen Taillen und weißen Handschuhen. Im Hintergrund hielten sich Eltern und Eingeladene auf. Zaza, in blauen Taft gekleidet, spielte ein Stück, das nach der Meinung ihrer Mutter zu schwer für sie war und bei dem sie gewöhnlich ein paar Takte hingehudelt hatte; diesmal führte sie sie fehlerlos aus, worauf sie Madame Mabille einen triumphierenden Blick zuwarf und ihr die Zunge herausstreckte. Die kleinen Mädchen erbebten unter ihren Locken, und strenge Ablehnung ließ das Antlitz der Damen erstarren. Als Zaza das Podium verließ, gab ihr ihre Mutter einen so vergnügten Kuß, daß niemand die Tochter zu schelten wagte. In meinen Augen wob diese kühne Tat einen Nimbus um ihr Haupt. Obwohl ich selbst mich den Gesetzen, den Klischees, den Vorurteilen unterwarf, liebte ich doch, was neu, was spontan war und von Herzen kam. Die Lebhaftigkeit und Unabhängigkeit Zazas sicherten ihr meine Ergebenheit.
Ich war mir nicht sofort darüber klar, welche Stelle diese Freundschaft in meinem Leben einnahm, da ich noch kaum geschickter als in meiner frühen Kindheit war, alles, was in mir vorging, auch deutlich zu benennen. Man hatte mich dazu erzogen, das, was sein soll, mit dem zu verwechseln, was ist; daraufhin prüfte ich nicht, was sich hinter der Konvention der Worte verbarg. Es war ausgemacht, daß ich zu meiner ganzen Familie, meine entferntesten Vettern mit einbegriffen, zärtliche Zuneigung hegte, meine Eltern, meine Schwester liebte ich; dieses Wort enthielt alles. Die Nuancen meiner Gefühle, ihre Schwankungen, hatten kein Recht auf Existenz. Zaza war meine beste Freundin, weiter gab es da nichts. In einem wohlgeordneten Herzen nimmt die Freundschaft einen ehrenvollen Platz ein, doch hat sie nicht den Glanz und das Geheimnis der Liebe noch die geheiligte Würde kindlicher Anhänglichkeit. Ich stellte diese Hierarchie keineswegs in Frage.
In diesem Jahre wie in den anderen bescherte mir der Monat Oktober die fieberhafte Freude des neuen Schulanfangs. Die

frischgekauften Bücher knackten in meinen Händen und rochen gut. Auf meinem Ledersessel sitzend, berauschte ich mich an Zukunftsverheißungen.

Keine davon traf ein. In den Anlagen des Luxembourggartens fand ich den Duft und die Farben des Herbstes zwar wieder, doch sie berührten mich nicht mehr; das Blau des Himmels hatte sich getrübt. Der Unterricht langweilte mich; ich lernte meine Lektionen, freudlos erledigte ich meine Schulaufgaben und betrat morgens mit Gleichgültigkeit die Räume des Cours Désir. Wohl stand die Vergangenheit von neuem vor mir auf, aber ich erkannte sie nicht: sie hatte alle Farbe eingebüßt; meine Tage verliefen ohne Reiz. Alles wurde mir gegeben, doch meine Hände blieben leer. Neben Mama schritt ich den Boulevard Raspail entlang und fragte mich plötzlich voller Angst: «Was ist denn geschehen? Ist das mein Leben? War es immer nur das? Wird es so weitergehen?» Bei dem Gedanken, bis in alle Unendlichkeit Wochen, Monate, Jahre zu durchleben, die von keiner Erwartung, keiner Verheißung her Licht empfangen würden, stockte mir der Atem: man hätte meinen können, daß ohne jede vorherige Ankündigung die Welt gestorben wäre. Sogar diese Angst und Not wußte ich nicht zu benennen.

Vierzehn Tage lang schleppte ich mich von Stunde zu Stunde, von einem Tage zum anderen mit gleichsam wankenden Knien hin. Eines Nachmittags legte ich in der Garderobe des Instituts meine Sachen ab, als Zaza erschien. Wir fingen an, miteinander zu reden, uns Dinge zu erzählen und mit Kommentar zu versehen; die Worte auf meinen Lippen überstürzten sich, und in meiner Brust kreisten tausend Sonnen; in einem Freudentaumel sagte ich mir: «Sie hat mir gefehlt!» So radikal war noch meine Unkenntnis aller wahren Erlebnisse des Herzens, daß ich niemals auf den Gedanken gekommen war, mir zu sagen: «Ich leide unter ihrer Abwesenheit.» Ich brauchte ihre Gegenwart, um mir klarzumachen, wie notwendig sie mir geworden war. Es war eine blitzartige Offenbarung. Jäh lösten sich Konventionen, festgewordene Gewohnheiten, Klischees vor meinen Augen in Nebel auf, eine tiefe Bewegung, die in keiner Satzung vorgesehen war, überflutete mich. Ich ließ mich ganz von dieser Freude tragen, die stark und frisch in mir strömte wie das Wasser der Kaskaden und nackt und offenbar dalag wie ein schöner Granit. Ein paar Tage darauf erschien ich etwas zu früh im Institut und starrte ungläubig auf Zazas Sitz: «Wenn sie dort niemals wieder säße – was würde dann aus mir?» Und von neuem ging mir blendend eine Enthüllung auf: «Ich kann nicht mehr leben ohne sie.» Es war erschreckend für mich: sie kam und ging, auch wenn sie ferne von mir war, und dennoch ruhte mein Glück, mein Dasein ausschließlich in ihren Händen. Ich stellte mir vor, wie etwa Mademoiselle Contran mit ihrem langen Rock über den Boden fegend hereinkommen und uns sagen würde: «Betet, liebe Kinder! Eure kleine Gefährtin Elizabeth Mabille ist gestern nacht zu unserem Herrgott gerufen worden.» Ganz sicher, so sagte ich mir, würde ich daraufhin im gleichen Augenblick sterben! Ich würde von meinem Schulsitz sinken und tot auf den Boden fallen. Diese Lösung beruhigte mich. Ich glaubte nicht, daß ernstlich die göttliche Gnade mir das Leben zu rauben vorhätte; aber ich fürchtete auch nicht mehr wirklich, daß Zaza sterben könnte. Ich hatte mir nur einmal klargemacht, wie weit die Abhängigkeit ging, die meine Zuneigung mir auferlegte: allen Folgen davon jedoch wagte ich nicht ins Auge zu sehen.

Ich erhob nicht den Anspruch, daß Zaza für mich ein ebenso eindeutiges Gefühl hegen müsse; es genügte mir, ihre bevorzugte Kameradin zu sein. Die Bewunderung, die ich ihr entgegenbrachte, setzte meinen eigenen Wert in meinen Augen nicht herab. Liebe ist nicht Neid. Ich konnte mir auf der Welt nichts Besseres denken, als ich selbst zu sein und Zaza zu lieben.

In dem Jahr, in dem wir in die Rue de Rennes umzogen, fing ich an, schlechter zu schlafen. Hatte ich wohl die Enthüllungen Madeleines schlecht verdaut? Nur eine dünne Wand trennte jetzt mein Bett von dem meiner Eltern, in dem ich meinen Vater schnarchen hörte; war ich empfindlich gegen dies nahe Zusammenhausen? Ich wurde von Alpdrücken heimgesucht. Ein Mann sprang auf mein Bett, er drückte mir das Knie in den Magen, mir war, als müßte ich ersticken; ich träumte angestrengt, daß ich aufwachte, doch das Gewicht meines Angreifers lastete nur noch mehr auf mir. Zur gleichen

Zeit ungefähr wurde das Aufstehen für mich ein so schmerzhaft dramatischer Vorgang, daß meine Kehle schon am Abend vorher, wenn ich nur daran dachte, wie zugeschnürt war und meine Hände sich mit Schweiß bedeckten. Wenn ich am Morgen die Stimme meiner Mutter hörte, wünschte ich mir, ich würde krank, ein solches Grauen empfand ich, sobald ich mich dem einlullenden Dunkel wieder entziehen mußte. Am Tage hatte ich Schwindelanfälle, ich bekam die Bleichsucht. Mama und der Arzt stellten fest: «Das ist das Entwicklungsalter.» Ich haßte dieses Wort ebensosehr wie die unmerklich sich vollziehende Veränderung in meinem Körper. Ich beneidete die «erwachsenen jungen Mädchen» um ihre Freiheit, aber großes Unbehagen befiel mich bei der Vorstellung, daß mein Körper sich stärker ausprägen würde; ich hatte früher einmal erwachsene Frauen geräuschvoll ihre Blase entleeren hören; wenn ich an die wassergefüllten Schläuche dachte, die sie in ihrem Innern bergen mußten, erfaßte mich ein Grauen, wie Gulliver es verspürte, als eines Tages junge Riesinnen vor ihm ihre Brust entblößten.

Seitdem ich das Geheimnis der verbotenen Bücher gelüftet hatte, erschreckten sie mich weit weniger als zuvor; oft ließ ich meinen Blick auf den Stücken Zeitungspapier ruhen, die im WC aufgehängt waren. Auf diese Weise geriet ich an einen Feuilletonroman, in dem der Held seine glühenden Lippen auf die weiße Brust der Heldin drückte. Dieser Kuß brannte in mir fort; gleichzeitig Mann, Frau und begieriger Zuschauer, gab, ertrug und erschaute ich ihn. Sicherlich konnte er mich nur so tief erregen, weil mein Körper schon wach geworden war, aber jedenfalls kristallisierten sich meine Träumereien seitdem um dieses Bild; ich weiß nicht, wie oft ich es vor dem Einschlafen in mir heraufbeschwor. Ich erfand auch noch andere: Ich frage mich, woher ich sie nahm. Die Tatsache, daß Ehegatten wenig bekleidet im gleichen Bett schlafen, hatte bislang nicht genügt, mir Umarmung und Liebkosung zu verdeutlichen; ich vermute, daß ich sie aus meinem eigenen Verlangen heraus erschuf. Eine gewisse Zeit hindurch wurde ich von quälenden Wünschen verfolgt, ich wälzte mich mit trockener Kehle auf meinem Lager umher, sehnte mich nach dem Leib eines Mannes, der sich dicht an meinen preßte, nach

Händen auf meiner Haut. Verzweifelt rechnete ich mir aus: «Man kann erst mit fünfzehn Jahren heiraten!» Noch dazu war das die äußerste Grenze, ich würde also noch Jahre warten müssen, bis meine Qual ein Ende nahm! Es fing immer ganz angenehm an: unter der warmen Bettdecke begann mein Blut zu kribbeln, meine Phantasien ließen mein Herz wonnevoll höher schlagen; ich glaubte fast, sie würden Gestalt annehmen, doch nein, sie verloren sich wieder; keine Hand, kein Mund beschwichtigte mein aufgeregtes Blut; mein Madapolamhemd wurde zum Nessusgewand. Erst der Schlaf erlöste mich. Niemals brachte ich diese Verwirrung meines Innern mit Sünde in Verbindung: die Brutalität des Vorgangs übertraf meine Wünsche, und ich fühlte mich eher als Opfer denn als Sünderin. Ich fragte mich auch nicht, ob alle kleinen Mädchen das gleiche Martyrium an sich erfuhren, da ich nicht gewöhnt war, mich mit anderen zu vergleichen.

Wir hielten uns während der erstickenden Hitze der Julimitte bei Freunden auf, als ich am Morgen erwachte und mein Hemd beschmutzt vorfand; ich wusch mich, aber wiederum war meine Wäsche befleckt. Da ich Madeleines vage Prophezeiungen vergessen hatte, fragte ich mich, was für eine schmähliche Krankheit mich befallen habe. Beunruhigt, halb und halb von Schuldgefühl erfaßt, wendete ich mich an meine Mutter; sie erklärte mir, ich sei jetzt «ein großes Mädchen», und verpackte mich auf unbequeme Weise. Ich fühlte mich sehr erleichtert, als ich erfuhr, daß mich selbst keine Schuld traf, ja, ich verspürte sogar wie jedesmal, wenn etwas Wichtiges mir widerfuhr, eine Art von Stolz. Ohne ein allzugroßes Gefühl von Verlegenheit nahm ich hin, daß meine Mutter mit ihren Freundinnen tuschelte. Als hingegen am Abend des Tages, an dem wir zum erstenmal wieder mit meinem Vater zusammen in der Rue de Rennes waren, dieser eine scherzhafte Anspielung auf meinen Zustand wagte, kam ich fast um vor Scham. Ich hatte mir vorgestellt, daß die gesamte Weiblichkeit solidarisch den Männern diesen geheimen Makel verschwieg. Meinem Vater gegenüber hatte ich mich immer als reines Geistwesen gefühlt; es graute mir davor, daß er mich nun plötzlich als organisches Geschöpf betrachtete. Ich kam mir gesunken vor.

Ich wurde häßlicher, meine Nase rötete sich; auf Gesicht und Nacken bekam ich Pickel, an denen ich nervös herumkratzte. Da Mama die Arbeit über den Kopf wuchs, ging ich schlecht gekleidet; die formlosen Sachen, die ich trug, betonten mein linkisches Benehmen. Da mein Körper mich behinderte, entwickelten sich bei mir verschiedene krankhafte Aversionen; so ertrug ich zum Beispiel nicht, aus einem Glas zu trinken, aus dem schon jemand getrunken hatte. Ich bekam auch Ticks: unaufhörlich zuckte ich mit den Schultern oder drehte an meiner Nase. «Kratz nicht an deinen Pickeln, dreh nicht an deiner Nase», sagte mein Vater immer wieder zu mir. Ohne böse Absicht, aber auch ohne Schonung, machte er über meinen Teint, meine Akne, meine Tolpatschigkeit Bemerkungen, durch die mein Unbehagen und meine Manien auf die Spitze getrieben wurden.
Der reiche Vetter, dem Papa seine Stellung verdankte, arrangierte ein Fest für seine Kinder und deren Freunde. Dazu verfaßte er eine Revue in Versen. Meine Schwester bekam eine Art Feenrolle. In einem sternenbesäten Tüllkleid und mit ihrem schönen, offen über den Rücken fallenden Haar stellte sie die «Königin der Nacht» dar. Nachdem sie mit einem nachtwandelnden Pierrot einen poetischen Dialog geführt hatte, stellte sie in gereimten Strophen die jungen Gäste vor, die in ihren Kostümen auf einer Estrade vorüberzogen. Als Spanier kostümiert, sollte ich mit dem Fächer spielend vorbeistolzieren, während sie nach einer Melodie aus *Funiculi-funicula* sang:

Vor Stolz weiß sich die Schöne kaum zu fassen,
Die hier vor uns erscheint.
Ganz Barcelona muß vor Neid erblassen,
Denn alles ist vereint:
Die spanische Grandezza, holder Blick,
Der kühn uns anblitzt . . .

Als alles mich anstarrte, fühlte ich, wie meine Wangen glühten; ich stand buchstäblich Qualen aus. Etwas später nahm ich an der Hochzeit einer Kusine aus dem Norden teil; während mich jedoch meine Erscheinung bei Tante Lilis Hochzeit entzückt hatte, war ich diesmal über mein Aussehen verzwei-

felt. Mama kam erst am Morgen, als wir bereits in Arras waren, auf die Idee, daß mein neues Kleid aus beigefarbenem Crêpe de Chine meine Brust, die nichts Kindliches mehr hatte, in ungehöriger Weise betonte. Daraufhin wurde ich förmlich bandagiert, so daß ich den ganzen Tag das Gefühl hatte, einen krankhaften Auswuchs in meinem Mieder zu verstecken. Während der langweiligen Hochzeitszeremonie und des endlosen Festessens war ich mir nur traurig der Tatsache bewußt, die durch die Photographien von damals bestätigt wird: daß ich nämlich – schlecht angezogen und linkisch in meinen Bewegungen – ein höchst unglückseliges Mittelding zwischen einem kleinen Mädchen und einer Frau darstellte.
Meine Nächte wurden wieder ruhiger, dafür aber verwirrte sich auf eine unerklärliche Weise die Welt. Dieser Wandel berührte Zaza nicht: sie war eine Person und kein Objekt.

Luise Rinser
(geb. 1911)

«Ich war bös: aufsässig und verschlossen.» So schildert die Schriftstellerin Luise Rinser sich selbst als Kind. Sie wurde in Pitzling/Oberbayern geboren. Nach ihrem Studium (Psychologie und Pädagogik) war sie von 1935 bis 1939 als Lehrerin tätig. Ihr erstes Buch, «Die gläsernen Ringe», machte sie 1940 mit einem Schlag bekannt. Wegen angeblicher «Wehrkraftzersetzung» wurde sie 1944 verhaftet. Sie entging knapp der Hinrichtung; bei Kriegsende wurde sie aus dem Gefängnis befreit. Heute lebt die Autorin vieler Romane und Erzählungen in Rom.

In ihrem ersten Buch, aus dem das folgende Kapitel entnommen wurde, schildert sie ihre Kinderjahre. Allerdings, so äußert sie sich dazu, sei dieses Buch nicht «die simple Wahrheit». Und sie erklärt weiter: «Mein erstes Buch wird für eine reine Autobiographie gehalten. Irrtum. Es gibt kleine Kristallisationskernchen aus der erlebten Wirklichkeit, das ist alles.»

Luise Rinser

Der fremde Knabe

Die Jahre meiner Kindheit gingen still und unmerklich hin, behütet von ehrwürdigen Mauern, besonnt von der Altersgüte des Großonkels und der Tante, durchweht von Bücher- und Gärtenduft und, ehe man es merkte, schon geformt von Stille, Schönheit, Frömmigkeit und Einsamkeit. Ich besuchte die Klosterschule; Kinder versuchten sich mir anzuschließen, ich selbst wünschte mir manchmal Gefährten, aber ich war schon zu sehr anders, stiller, wissender als die Gleichaltrigen, als daß ein Versuch der Freundschaft wirklich hätte glücken können.
Eines Tages im Sommer, als ich etwa acht Jahre alt war, machten Mutter, Großonkel, Tante und ich einen Spaziergang durch die ausgedehnten Flußauen. Als wir uns auf dem Heimwege befanden, lockte mich ein Strauch mit reifen Himbeeren, so daß ich hinter den Erwachsenen zurückblieb. Auf einmal sah ich, daß das Laub an einem nahen Busch sich regte, obwohl kein Wind zu spüren war. Es konnte ein Reh sein, das ich aus seinem Versteck aufgeschreckt hatte. Da aber sah ich das Gesicht eines Knaben, lebhaft überspielt von tanzenden Lichtflimmern und Blätterschatten. Nur einige Augenblicke lang nahm ich es deutlich wahr, dann senkten sich die Zweige, und nichts war da als Laub und Astwerk. Ich blieb erwartungsvoll stehen, bis mich ein mahnender Ruf der Mutter holte. Ich folgte langsam. Indes ich ging, hörte ich, daß mich die Schritte des Unbekannten begleiteten, verborgen vom dichten Gebüsch, verraten nur von einem fortlaufenden leisen Hinwehen und Knistern im Laub. Blieb ich stehen, stand auch er. Lief ich, so lief auch er. Am Rande der Auen erst, wo schon das Dorf begann, blieb er zurück, und ich hörte ihn mit weiten Sprüngen in das Auendickicht zurückkehren.
Die Begegnung hatte mich erregt. Viele Tage dachte ich nichts

als an den Unbekannten. War er Freund oder Feind? Ein Zigeunerjunge? Ein Wesen halb Mensch, halb Waldtier? Ein verzauberter Prinz? Ich mußte ihn wiederfinden. Eines Nachmittags im hohen Sommer machte ich mich auf, ihn zu suchen. Ich drang in das Gestrüpp ein, fand schmale Wege, verlor sie wieder, hörte Wasser gluckern, unter meinen Füßen, ritzte mich an Dornen, schrak vor unbekannten schwefelgelben Pilzen zurück und vor dem Schrei eines auffliegenden Raubvogels, und stand endlich vor einem fast verlandeten Altwasser. Auf einem Steinblock im Wasser in der Nähe des Ufers, doch nicht mit der Hand und nicht durch Waten erreichbar, lag ein gebleichtes Schädelchen von einem Hasen oder einem jungen Reh, bekränzt mit frisch gepflückten Schilflilien, ein seltsames und rührendes Denkmal. Es konnte nur von dem Waldknaben errichtet sein. Ich war auf seiner Spur. Ich drang weiter durch den Auenwald, und bald mehrten sich die Zeichen der Nähe des seltsamen Geschöpfes. Ich fand silbrige Muscheln angehäuft in einer Baumhöhlung, ich sah eine glänzende papierdünne Schlangenhaut auf einem Stabe aufgestellt und rötliche Steine im Kreis darumgelegt, ich sah eine niedrige Hütte aus grobgeflochtenen Binsenmatten, groß genug, ein Kind zu bergen. Endlich fand ich mich auf einem ausgetretenen Pfade, der an den Fluß führte. Da hing ein Fährkahn am Ufer, und auf seinem Boden ausgestreckt lag schlafend ein brauner Knabe. Ich zweifelte nicht daran, daß er der Gesuchte war. Ich setzte mich auf die Uferböschung, ängstlich zwar, doch fest entschlossen, mit ihm zu sprechen. Lange saß ich da. Die Sonne brannte, das Fährseil knarrte, der Fluß rauschte, stark dufteten Schilf und Wiesenheu. Plötzlich bemerkte ich, daß die Lider des Knaben sich einen schmalen Spalt weit gehoben hatten. Dunkle, glänzende Augen blickten scharf auf mich. Nach einer Weile schnellte der Knabe wie ein Fisch aus dem Boot ans Ufer, sprang an mir vorüber und winkte mir, zu folgen. Er entschwand in ein Gebüsch, ich kam zögernd nach. Da streckte sich ein brauner Arm aus dem Laub und deutete auf das leuchtend rote Band, das ich an diesem Tage um meine Zöpfe geschlungen hatte. Ich verstand die Gebärde, löste das Band und legte es in die fordernde Hand. Sie zog sich zurück, und bald trat der Knabe aus dem Busch. Er trug

das Band wie einen Gürtel um seinen Leib. Nun kletterte er mühelos auf einen Baum und winkte mir. Ich konnte klettern, und bald saß ich gleich ihm auf dem Baum. Da begann er den Wipfel heftig hin und her zu schaukeln. Ich hatte Angst und blickte zu ihm auf, ihn zu ermahnen. Da sah ich, daß er nicht mehr saß, sondern auf einem dünnen Aste stand. Er lachte und war prächtig anzusehen, und nun lachte auch ich, bezwungen von seiner wilden Lust. Darauf ließ er sich an dem Stamme lautlos zur Erde gleiten, und ich folgte ihm. Wir gingen ans Flußufer zurück und setzten uns. Der Knabe blickte scharf auf die besonnten Steine, griff plötzlich zu und hielt eine Blindschleiche in der Hand. Er steckte sie in den Halsausschnitt seines Hemdes, ließ sie an seinem Körper hinabgleiten und fing sie über seinem Knie wieder auf. Dann reichte er sie mir. Er blickte erwartungsvoll, begierig und zugleich höhnisch auf mich. Ich zögerte, da ich das kalte, glatte Tier in meiner Hand sich winden fühlte. Ich empfand Grauen. Dann aber unterwarf ich mich. Ich ließ die Blindschleiche in mein Kleid kriechen und spürte sie mit Schaudern auf meiner warmen Haut. Doch endlich war auch dies überstanden, und ich hielt das Tier wieder in meiner Hand. Ich reichte es dem Knaben, und er gab es frei. Dann standen wir auf. Ich begriff, daß ich erprobt worden war und bestanden hatte.
Nun sprach er mit mir in einer fremden, wohlklingenden Mundart. Er sagte: «Kannst du Flöten schnitzen?» Ich verneinte. Er schnitt einen Ast von einer Weide, bohrte Löcher hinein und begann zu blasen, erst prüfend den und jenen Ton, eine Tonleiter und schließlich ein Lied. Die Flöte klang nicht rein, aber sie klang traurig und schön. Er schenkte sie mir. Dann fragte er: «Kannst du zaubern?» Ich konnte es nicht, ich hatte es nie versucht. Er sagte: «Wenn dir einmal einer etwas Böses antut und du willst dich rächen, dann mußt du es so machen.» Er hob ein leeres Schneckenhaus auf. «Da hinein legst du drei Haare von dem Menschen und läßt eine Schlange darüberkriechen. Dabei mußt du den Namen aussprechen. Dann wird der Mensch von einer giftigen Schlange gebissen und muß sterben.» Ich war bestürzt und wagte einen Einspruch: «Aber das darf man doch nicht! Das ist doch gegen das fünfte Gebot.» Er sah mich verständnislos an. Ich

erkannte, daß er nichts von den Geboten wußte, die mein Leben leiteten, und ich begann schaudernd zu ahnen, daß dieser Knabe einer Welt zugehörte, die ich nicht kannte, die ich nicht kennen durfte, die gefährlich, wirr und dunkel war. Ich dachte an das Kloster, an den Morgengesang der Nonnen, an meine kleinen frommen Gebete, an Maß und Ordnung meines Lebens, und plötzlich sah ich dies alles beiseitegeschoben, von einem erstaunten Knabenblick entkräftet, entwertet, verworfen. Dafür aber bot sich mir der Zugang zu einer neuen Welt, die unsicher, fremd und mir verboten, aber voll Kraft und Leben, voll Farbe und heißer Lockung war.

Inzwischen aber hatte es begonnen zu dämmern, ich sah es mit Schrecken. «Ich muß jetzt gehen», sagte ich. – «Warum?» fragte der Knabe. – «Ich muß beim Abendläuten zu Hause sein.» – «Warum mußt du?» Ich konnte es nicht sagen. Es war ein Gebot, dem ich blind gehorchte. «Wo bist du zu Hause?» fragte er. – «In Sankt Georgen, im Kloster. Und du?» Er deutete mit einer weiten, unbestimmten Gebärde auf den Auenwald, auf den Fluß, auf die Waldhügel jenseits des Wassers. «Wo ist euer Haus?» fragte ich. Er schüttelte den Kopf und wiederholte seine Gebärde und lächelte, als wollte er sagen: dies wirst du nie begreifen. Ich aber begriff und beneidete den Heimatlosen, den Schweifenden, den Wildling. «Bleib bei mir», bat er. Ich erbebte vor dieser Lockung, ich erschrak vor meiner wilden Bereitschaft, ihr nachzugeben. Laut aber rief ich: «Nein, nein!» und wandte mich zum Gehen. Wortlos und ohne mich anzublicken nahm er meine Hand und führte mich durch die Flußauen, vermied sicher alle Sümpfe und Dornhecken und gab mich erst frei, als wir am Eingang des Dorfes angekommen waren. Ich flüsterte: «Besuche mich. Einmal. Später. Nicht morgen.» Er verschwand in der Dämmerung.

Ich wurde von der besorgten Mutter scheltend empfangen. «Wo warst du so lang?» – «Im Wald», sagte ich und fühlte Trotz in mir aufsteigen. – «Nie mehr läufst du allein weg, ohne zu fragen, hörst du?» Sie versetzte mir, um mir das Gebot einzuprägen, einen Schlag. – «Doch lauf ich wieder weg», sagte ich, stampfte mit dem Fuß und blickte der Mutter frei und zornig ins Gesicht. Sie war erstaunt, noch nie hatte sie solch flammende Wildheit an mir erlebt. Sie schlug mich

wieder, ich nahm es stumm und fühllos hin. Ohne Abendessen wurde ich zu Bett geschickt. Dort aber weinte ich unter der Decke und sehnte mich nach dem Heimatlosen, Freien, Ungesetzlichen.
Am nächsten Tage hörte ich, wie die Mutter dem Großonkel von meiner plötzlichen Bösartigkeit berichtete. Der alte Mann schwieg lange, dann sagte er: «Nimm es nicht schwer. Das kommt und geht. Auch ein Kind hat das Recht auf eigenes Leben. Aber vielleicht tut deinem Kinde jetzt eine Gespielin not. Wir wollen einmal die kleine Therese einladen.»
Ich lachte ingrimmig, denn Therese war ein sehr artiges Kind aus meiner Schulklasse. Am Nachmittag schon kam sie mit einer Puppe auf dem Arm. Meine Mutter sagte: «Spielt schön» und ließ uns allein. Therese band ihrer Puppe eine Schleife ins Haar und sagte: «Wo hast du denn deine Puppe?» Ich sagte: «Puppen sind dumm. Ich spiele nicht mit solchen Sachen.» Therese schaute bestürzt und streichelte ihre Puppe. Es war eine sehr hübsche Puppe, das sah ich wohl, aber sie blickte stur vor sich hin, sie bewegte sich nicht, sie war aus Stoff und Porzellan, sie war ohne Geheimnis. Ich aber kannte den wilden Knaben, ich war im Wald gewesen, dies trennte mich für immer von der Welt der kleinen Mädchen. Ich griff nach der Puppe und drückte ihr die beiden Glasaugen ein. Ich weiß, daß ich nicht zerstören, sondern Therese zeigen wollte, daß ihr Spielzeug ein hohles, totes, wertloses Ding sei, das ich verachtete und das auch sie verschmähen sollte. Ich verachtete auch Therese, denn sie war selbst puppenhaft, allzu artig, allzu niedlich; nie löste sich eine Locke aus ihrem Zopf, nie wurde ein Schuhband lose, nie sprang sie über Pfützen. Ich hatte dies auch früher an ihr beobachtet und hatte es für gut gehalten, so brav zu sein. Nun aber haßte ich es. Therese schrie nicht, als sie die leeren Augenhöhlen ihrer Puppe sah, sie schlug mich nicht, sie verklagte mich nicht bei meiner Mutter. Sie saß still und drückte die Puppe an sich. «Nicht», sagte sie leise, «bitte, nicht.»
«Ach was», sagte ich, wandte mich ab und ging in den Garten. Dort setzte ich mich auf eine zerfallene Mauer, streifte Samen vom hohen Gras und war traurig. Nach einer Weile hörte ich zaghafte Schritte. Es war Therese, die kam. «Komm», sagte

sie, «sei wieder gut», so, als hätte sie mir Böses getan. – «Laß mich in Ruhe», sagte ich, ohne mich umzuwenden. Therese bat: «Ich schenke dir ein schönes Bild, wenn du mit mir spielst.» – «Ich mag nicht. Ich mag dich nicht», sagte ich, sprang von der Mauer, lief in die Wiese und verschwand in einer Mulde. Hier warf ich mich ins Gras und weinte. Wußte ich, warum ich weinte?

Am nächsten Tage fand ich auf meinem Platze in der Klosterschule ein Bild, eines jener vielbegehrten «Hauchbilder», durch die man wie durch buntes Glas die Farben der Welt verwandeln konnte in Rot, Gelb, Blau oder Grün. Ich streifte das Bild unter die Bank. Tag für Tag fand ich nun solche Geschenke: ein paar früh gereifte Pflaumen, ein Seidenbändchen, eine gläserne Kugel mit einem Stern im Innern. Und immer sah ich die Augen der Geberin auf mich gerichtet voll offener Werbung. Ich wartete auf meinen wilden Freund aus dem Walde. Er kam nicht. Theese aber folgte mir stumm und verlangend. Es wurde mir schwer, in der Schule aufzumerken, und schwer, daheim zu gehorchen; denn ich war erfüllt von Unrast und blinder Sehnsucht.

Eines Nachts erwachte ich aus einem Traume: Ich hatte einen jener Wagen gesehen, wie fahrende Leute sie bewohnen, einen Wagen mit grauen Planen überspannt, von zwei schwarzen Pferden gezogen; auf dem einen ritt der Freund, auf dem andern saß ich. Wir kamen durch einen großen fremden Wald, durch grauen Nebel, aus dem Innern des Wagens tönte eine Holzflöte. Wir ritten schneller und schneller, bis wir flogen, und davon erwachte ich. Nun wußte ich meine Sehnsucht zu deuten: sicherlich war ich nicht das rechte Kind meiner Eltern. Ich stammte von Zigeunern; kein Haus war mir bestimmt und kein Gesetz der Menschen. Zigeunereltern hatten mich verloren, vergessen, ausgeliefert. Zu den Zigeunern gehörte ich. Der fremde Knabe war gewiß mein Bruder. Bald würde er kommen, mich erkennen und zurückholen in die schöne wilde Weite.

In den Tagen, die dieser Nacht folgten, war ich wie ein flüchtiger Gast im Kloster; ich löste mich ab von den Meinen und wartete in stiller Bereitschaft, bis man mich holte – dahin, wohin ich gehörte.

Therese warb weiter um mich, bis ich es nicht mehr ertrug. Eines Tages kam mir ein Gedanke: Nun, da ich zu den Zigeunern gehörte, da ich nichts mehr zu schaffen hatte mit dieser Welt der braven Ordnung und der zehn Gebote, nun galten für mich die Freiheiten des Waldes: ich durfte zaubern, ich konnte Therese von mir abwenden. Ich schnitt ihr unvermerkt drei Haare aus dem Zopf, tat sie in ein leeres Schnekkenhaus und legte es in den Garten, in den zerfallenen Kreuzgang, wo es Schlangen gab. Lange saß ich und wartete, aber nur Eidechsen kamen, äugten und liefen vorüber. Ich flüsterte Beschwörungen, rief Thereses Namen, saß und wartete. Plötzlich löste sich ein Stein aus dem Gemäuer, stürzte und fiel auf das Schneckenhaus. Ich schrie auf. Schrecken und Lust erfüllten mich wie Wahnsinn. Ich begann zu tanzen. Ich hatte Schlangen gerufen – ein Stein war gefallen. Ich hatte also Macht, ich konnte zaubern.

Als ich am Abend ins Haus kam, sagte meine Mutter: «Denke dir nur, das Thereslein ist von einem Wagen überfahren worden.» – «Tot?» fragte ich voller Spannung. Die Mutter nickte. Das Herz blieb mir stehen.

Beim Abendessen sprachen die Erwachsenen von den Einzelheiten des Unglücks; ich bat, bald ins Bett gehen zu dürfen. Ich schlief nicht; ich hatte die ersten schlaflosen Nachtstunden meines Lebens zu überstehen. Meine Gedanken liefen im Kreise: ich hatte den Stein beschworen, er war gefallen; der Wagen war gekommen und hatte Therese überfahren; ich also hatte Therese getötet, ich war eine Mörderin. Aber ich hatte doch nur gewünscht, daß eine Schlange käme und sie bisse; ich hatte sie nicht töten wollen, nur abwenden, nur von mir fernhalten. Ich betete zu Gott, ich beschwor die unsichtbare Macht des Schicksals: «Mach es ungeschehen. Laß es mich nicht gewesen sein.» Inbrünstig hoffte ich auf den Morgen. Ich würde erwachen, es würde ein Traum gewesen sein, ich würde lachen und unbeschwert sein.

Der Morgen kam; wir wurden vor Thereses Bahre geführt. Die Mädchen schluchzten und bespritzten die kleine, völlig bedeckte Leiche heftig mit einem in Weihwasser getauchten Buchszweig. Thereses Mutter weinte laut, der Vater saß trübe in einer Ecke der kleinen Kammer. Die allgemeine Trauer, das Weinen, der Anblick des schmalen weißen Kindersarges, der eindringliche Duft von Blumen und Kerzen überwältigten auch mich; ich fühlte Tränen aufsteigen. Plötzlich aber kam die Erinnerung an meine Tat. Und nun überfiel mich nicht etwa die Qual des Schuldigseins, sondern ein starkes dunkles herrisches Gefühl: ich allein wußte, wie und warum der Tod zu Therese gekommen war. Ich hatte ein geheimes Wissen, ich war im Bunde mit dem Tod, mir standen keine Tränen zu; wohl saß ein unklarer Schmerz in mir, aber dieser Schmerz war der Preis der Einweihung, ich trug ihn stolz, er schied mich von den Menschen.

Therese wurde begraben, die Tage gingen hin; ich blieb erfüllt von der Last und Würde meines Wissens und von Erwartung. Der Sommer schwand, der Garten lag kühl und leer im Herbstwind, das Laub fiel feucht von den Bäumen, und eines Abends hörte ich von jenseits der Mauer fern aus dem Nebel die Weidenflöte. Ich stand am Fenster, lauschte, lief in den Garten und folgte dem Tone; ich war gerufen, und ich kam. Endlich stand ich vor der Mauer, die den Garten begrenzte. Sie war nicht hoch an dieser Stelle, lose Steine lagen da, man konnte sie zu einer kleinen Treppe schichten. Das Lied der Flöte tönte unablässig fort. Ich lehnte mich an die Mauer. Draußen stand der Freund, draußen war der Wald, war die Wildnis, die Freiheit. Indes ich stand, gebannt von süßer Lokkung, berauscht vom Gedanken des Abschieds von Kloster und Eltern, geschah etwas in mir, was einem jähen Erwachen glich. Ich wußte plötzlich, daß ich den Umkreis des Klosters nicht verlassen würde. Was hielt mich? Ich gehorchte dem Gebot, das ich, ein Kind, nicht kannte. Leise verließ ich die Mauer und ging langsam durch den grauen Nebel unter tropfenden Bäumen zurück. Ferner und ferner tönte die Flöte, an drei verschiedenen Stellen tönte sie; Tränen liefen über mein Gesicht, vermischten sich mit der Nebelnässe und machten meine Augen blind. Lange stand ich auf der Schwelle. Das Lied verstummte. Ich trat ins Haus.

Quellenverzeichnis
Benutzte Literatur und Anregungen zum Weiterlesen

Die in diesem Band zitierten Auszüge wurden den mit * bezeichneten Büchern entnommen.

Karoline von Günderode

Karoline von Günderode*: Der Schatten eines Traumes. Gedichte, Prosa, Briefe, Zeugnisse von Zeitgenossen. Herausgegeben und mit einem Essay von Christa Wolf. Luchterhand Verlag, Darmstadt und Neuwied 1979 und 1981.

Bettina von Arnim: Die Günderode. Mit einem Essay von Christa Wolf. Insel Verlag, Frankfurt a.Main 1982

Frederik Hetmann: Drei Frauen zum Beispiel. Die Lebensgeschichte der Simone Weil, Isabel Burton und Karoline von Günderode. Verlag Beltz & Gelberg, Weinheim 1980

In Bibliotheken auszuleihen:

Karoline von Günderode: Gesammelte Dichtungen. München 1923. Die Liebe der Günderode – Friedrich Creuzers Briefe an Caroline von Günderode. Herausgegeben und eingeleitet von Karl Preisendanz, München 1912

Friedrich Creuzer und Karoline von Günderode: Briefe und Dichtungen. Herausgegeben von Erwin Rohde. Heidelberg 1896

Karoline von Günderode und ihre Freunde. Von Ludwig Geiger. Stuttgart 1895

Bettina von Arnim

Bettina von Arnim: Die Günderode. Mit einem Essay von Christa Wolf. Insel Verlag, Frankfurt a.M. 1982

Bettina von Arnim: Meine Seele ist eine leidenschaftliche Tänzerin. Ausgewählt und eingeleitet von Otto Betz. Herder Verlag, Freiburg 1982

Bettina von Arnim: Aus meinem Leben. Zusammengestellt und kommentiert von Dieter Kühn. Insel Verlag, Frankfurt a.M. 1982. (Insel-Taschenbuch 642)

Bettina von Arnims Armenbuch. Hrsg. von Werner Vordtriede. Insel Verlag, Frankfurt a.M. 1981 (Insel-Taschenbuch 541)

Bettina von Arnim: Dies Buch gehört dem König. Herausgegeben von Ilse Staff. Insel Verlag, Frankfurt a.M. 1982 (Insel-Taschenbuch 666)

Bettina von Arnim: Eine weibliche Sozialbiographie aus dem 19. Jahrhundert. Zusammengestellt und kommentiert aus ihren Briefromanen von Gisela Dischner. Klaus Wagenbach Verlag, Berlin 1977

Ingeborg Drewitz: Bettina von Arnim. Romantik – Revolution – Utopie. Heyne Verlag, München 1980. (Heyne Biographie 56)

Achim und Bettina in ihren Briefen. Mit einer Einleitung von Rudolf Alexander Schröder. Insel Verlag, Frankfurt a.M. 1981

In Bibliotheken auszuleihen:

Bettina von Arnim*: Werke und Briefe in fünf Bänden. Herausgegeben von Joachim Müller. Frechen, Köln 1961

Annette von Droste-Hülshoff

Annette von Droste-Hülshoff*: Sämtliche Werke in zwei Bänden. Winkler Verlag, München 1973 und 1978

Die Briefe* der Annette von Droste-Hülshoff. Gesamtausgabe. Hrsg. von Karl Schulte Kemminghausen (2. unveränderte Aufl. Reprograf. Nachdr. d. 1. Aufl. Jena 1944) Wissenschaftliche Buchgesellschaft, Darmstadt 1968, 2 Bände.

Annette von Droste-Hülshoff: Werke in einem Band. Hrsg. von C. Heselhaus. 2. Aufl. Hanser Verlag, München 1979

Annette von Droste-Hülshoff: Sämtliche Balladen. Winkler Verlag, München 1981 (Reihe Winkler)

Annette von Droste-Hülshoff: Die Judenbuche. Erzählungen. Goldmann Verlag, München 1983 (Goldmann Klassiker m. Erläuterungen 07628)

Annette von Droste-Hülshoff: Bei uns zulande auf dem Lande. Prosaskizzen. Hrsg. von Otto Böhmer. Insel Verlag, Frankfurt a.M. 1983 (Insel-Taschenbuch 697)

Annette von Droste-Hülshoff: Ausgewählte Werke. Mit einem Nachwort von C. Heselhaus. Parkland Verlag, Stuttgart 1979 (Parkland Klassikerbibl. 251)

Ronald Schneider: Annette von Droste-Hülshoff. Metzler Verlag, Stuttgart 1977 (Sammlung Metzler Band 153)

Peter Berglar: Annette von Droste-Hülshoff in Selbstzeugnissen und Bilddokumenten. Rowohlt Verlag, Reinbek 1967 (rororo monographie 130)

Doris Maurer: Annette von Droste-Hülshoff. Ein Leben zwischen Auflehnung und Gehorsam. Biographie. Keil Verlag, Bonn 1982

George Sand

George Sand*: Geschichte meines Lebens. Auswahl aus ihrem autobiographischen Werk. Deutsch von Claire Glümer, Lpz. 1855. Hrsg. von Renate Wiggershaus. Insel Verlag, Frankfurt a.M. 1982 (Insel-Taschenbuch 313)

George Sand: Indiana. Droemer Knaur Verlag, München 1982 (Knaur Taschenbuch 2015)

George Sand: Léila. Matthes & Seitz Verlag, München 1981

George Sand: Lucrezia Floriani. Matthes & Seitz Verlag, München 1981

George Sand: Sie und Er. Mit 10 Zeichnungen von A. Musset. Winkler Verlag, München 1982

George Sand: Der Teufelsteich. François, das Findelkind. Zwei Romane. Manesse Verlag, Zürich 1980
George Sand: Ein Winter auf Mallorca. Heimeran Verlag, München 1979
André Maurois: Das Leben der George Sand. List Verlag, München 1977
Ginka Steinwachs: George Sand. eine frau in bewegung, die frau von stand. Medusa Verlag, Berlin 1980
George Sand, dargestellt von Renate Wiggershaus. Rowohlt Verlag, Reinbek 1982 (rororo-monographien 309)

Fanny Lewald

Fanny Lewald: Meine Lebensgeschichte. Herausgegeben und eingeleitet von Gisela Brinker-Gabler. Fischer Taschenbuch Verlag Frankfurt am Main 1980 (Band 2047)

Die Brontë-Schwestern

Currer Bell* [d.i. Charlotte Brontë]: Jane Eyre. Aus dem Englischen von Dr. Chr. Fr. Grieb, Verlag der Franckh'schen Buchhandlung, Stuttgart 1850
Charlotte Brontë. Jane Eyre. Manesse Verlag, Zürich 1945; ebenfalls Ullstein Verlag, Berlin 1981 (Ullstein Bücher 30 123)
Emily Brontë: Die Sturmhöhe. Manesse Verlag, Zürich 1973; ebenfalls Insel Verlag, Frankfurt a. M. 1975 (Insel-Taschenbuch 141)
Emily Brontë: Gedichte/Poems. Popa, München (in Vorbereitung)

In Bibliotheken auszuleihen:

Charlotte Brontë: Villette. List Verlag, München 1972
Elizabeth Cleghorn Gaskell: The Life of Charlotte Brontë. London 1857
Phyllis Bentley: The Brontë Sisters. London 1950
Haworth Harvest: The lives of the Brontës. London 1969
The Brontës: Their Lives, Friedships & Correspondences in four volumes. Edited by James Wise, Oxford 1932

George Eliot

George Eliot*: Die Mühle am Fluß. Übersetzt von Julius Frese. Reclam Verlag, Leipzig. o.J.
George Eliot: Middlemarch. Manesse Verlag, Zürich 1962
George Eliot: Silas Marner, Petersen/Macmillan 1974
George Eliot: Adam Bede. Langenscheidt-Longman
George Eliot: The Mill on the Floss. Petersen/Macmillan 1974

In Bibliotheken auszuleihen:

George Eliot – ihr Leben und Schaffen dargestellt nach ihren Briefen und Tagebüchern. Von Hermann Conrad. Berlin 1887
George Eliot. A Biography by Blanche Colton Williams. New York 1936
George Eliot. A Biography by Gordon S. Haight. Oxford 1968

Isolde Kurz

Isolde Kurz: Vanadis. Der Schicksalsweg einer Frau. R. Wunderlich Verlag, Tübingen 1959

Isolde Kurz: Meine Mutter. R. Wunderlich Verlag, Tübingen 1926

In Bibliotheken auszuleihen:

Isolde Kurz: Aus meinem Jugendland. Tübingen 1943

Isolde Kurz: Florentinische Erinnerungen. Stuttgart 1919

Isolde Kurz: Die Pilgerfahrt nach dem Unerreichlichen. Lebensrückschau. Tübingen 1938

Isolde Kurz: Gesammelte Werke in sechs Bändern. München 1925

Isolde Kurz: Gedichte – 1888, zweite vermehrte Auflage, Stuttgart 1891

Selma Lagerlöf

Selma Lagerlöf: Gesammelte Werke. 5 Bände. Hrsg. Hans A. Neunzig, Nymphenburger Verlagshandlung, München 1980

Selma Lagerlöf: Wunderbare Reise des kleinen Nils Holgersson mit den Wildgänsen. Einzige vollständige Ausgabe. Nymphenburger Verlagshandlung, München o.J.

Selma Lagerlöf: Gösta Berling. (dtv-Taschenbuch 1441)

In Bibliotheken auszuleihen:

Das Tagebuch* der Selma Ottilia Lovisa Lagerlöf. Aus dem Schwedischen von Pauline Klaiber-Gottschau. Nymphenburger Verlagshandlung, München 1958

Walter A. Berendson: Selma Lagerlöf. München 1927

Christian Jenssen: Selma Lagerlöf. Lübeck 1947

Eva von Eckardt: Selma Lagerlöf. Wedel in Holstein 1946

Sidonie-Gabrielle Colette

Colette: Claudine erwacht*. Fischer Taschenbuch Verlag, Frankfurt a.M. (Band 1723)

Claudine in Paris. Fischer Taschenbuch Verlag, Frankfurt a.M. (Band 1751)

Claudine in der Ehe. Fischer Taschenbuch Verlag, Frankfurt a.M. (Band 1808)

Claudine geht. Fischer Taschenbuch Verlag, Frankfurt a.M. (Band 1829)

Colette: Blaue Flamme. Rowohlt Verlag, Reinbek (Band 4371)

Germaine Beaumont/André Parinaud: Colette. Editions du Seuil. Paris 1981

Yvonne Mitchell: Colette. Eine Biographie. Fischer Taschenbuch Verlag, Frankfurt a.M. (Band 2135)

Virginia Woolf

Virginia Woolf*: Augenblicke, Skizzierte Erinnerungen. Übersetzt von Elizabeth Gilbert. Mit einem Essay von Hilde Spiel. Deutsche Verlags-Anstalt, Stuttgart 1981

Im Fischer Taschenbuch Verlag, Frankfurt a.M., sind folgende Bände erschienen:
Die Dame im Spiegel und andere Erzählungen. (Band 1984)
Die Fahrt zum Leuchtturm. Roman. (Band 2119)
Flusch. Die Geschichte eines berühmten Hundes. (Band 2122)
Die Jahre. Roman. (Band 2210)
Mrs. Dalloway. Roman. (Band 1982)
Orlando. Roman. (Band 1981)
Die Wellen. Roman. (Band 2121)
Ein Zimmer für sich allein. (Band 2116)
Zwischen den Akten. Roman. (Band 1983)

Im S. Fischer Verlag, Frankfurt a.M., sind lieferbar:
Jacobs Raum. Roman. 1981
Nacht und Tag. Roman. 1983
Drei Guineen. Essay. Verlag Frauenoffensive, München 1978
George Spater/Ian Parsons: Porträt einer ungewöhnlichen Ehe. Virginia & Leonard Woolf. Fischer Taschenbuch Verlag, Frankfurt a.M. 1980 (Band 2221)
Virginia Woolf. Eine Biographie von Quentin Bell. Insel Verlag, Frankfurt a.M. 1977
Willi Erzgräber: Virginia Woolf. Eine Einführung. Artemis Verlag, München 1982

Sigrid Undset
Sigrid Undset*: Kristin Lavranstochter. (Sonderausgabe 1982 zum 100. Geburtstag der Nobelpreisträgerin) Verlag F.H. Kerle, Freiburg/Heidelberg
Sigrid Undset: Kristin Lavranstochter. Lübbe Verlag, Bergisch Gladbach 1976 (Zwei Bände: Nr. 10030 und 10031)
Sigrid Undset: Frühling. Lübbe Verlag, Bergisch Gladbach 1978 (Band 12076)
Sigrid Undset: Jenny. Lübbe Verlag, Bergisch Gladbach 1977 (Band 12067)

In Bibliotheken auszuleihen:
Sigrid Undset: Freu Hjelde. Herder Verlag, Freiburg 1958
Sigrid Undset: Wieder in die Zukunft. Verlag Oprecht, Zürich/New York 1944
Karl Jaspers: Die Antwort an Sigrid Undset. In: «Neue Zeit» 1945

Katherine Mansfield
Katherine Mansfield*: Tagebuch. Herausgegeben und übersetzt von Max A. Schwendimann. Deutsche Verlags-Anstalt, Stuttgart 1975; ebenfalls Deutscher Taschenbuch Verlag, München 1979 (dtv Allgemeine Reihe Band 1401)
Katherine Mansfield*: Sämtliche Erzählungen in zwei Bänden. Herausgegeben, ins Deutsche übertragen und mit einem biographischen Essay von Elisabeth Schnack. Büchergilde Gutenberg, Frankfurt a.M. 1980; ebenfalls im Fischer Taschenbuch Verlag, Frankfurt a.M. 1982/83 in fünf Bänden,

mit einem Ergängzungsband «Das Leben sollte sein wie ein stetiges, sichtbares Licht». Briefe, Tagebücher, Kritiken.
Katherine Mansfield: Erzählungen und Tagebücher. Übersetzt und mit einem Nachwort von Ruth Schirmer. Manesse Verlag, Zürich 1974
Pietro Citati: Katherine Mansfield. Beschreibung eines Lebens. Aus dem Italienischen von Jutta Prasse. Europäische Verlagsanstalt, Frankfurt a.M. 1982

Carson McCullers

Im Diogenes Verlag, Zürich, erschienen in Taschenbuchausgaben:
Die Ballade vom traurigen Café. Essay. Deutsch von Elisabeth Schnack, 1971. (detebe 20/3)
Frankie*. Deutsch von Richard Moering. 1974 (detebe 20/6)
Das Herz ist ein einsamer Jäger. Roman. Deutsch von Susanna Radermacher. 1974 (detebe 20/4)
Madame Zilensky und der König von Finnland. Erzählungen. Deutsch von Elisabeth Schnack. 1974 (detebe 20/2)
Spiegelbild im goldnen Auge. Roman. Deutsch von Richard Moering. 1974 (detebe 20/5)
Uhr ohne Zeiger. Roman. Deutsch von Elisabeth Schnack. 1974 (detebe 20/7)
Wunderkind*. Erzählungen I. Deutsch von Elisabeth Schnack. 1974 (detebe 20/1)
Die Mär von der glücklosen Schenke. Reclam Verlag, Stuttgart (RUB 7848)
Oliver Evans: Carson McCullers. Leben und Werk. Deutsch von Elisabeth Gilbert. Diogenes Verlag, Zürich 1970
Über Carson McCullers. Herausgegeben von Gerd Haffmanns. Diogenes Verlag, Zürich 1970

Sylvia Plath

Sylvia Plath*: Die Glasglocke. Aus dem Englischen von Christian Grote. Suhrkamp Verlag, Frankfurt a.M. 1975 (Bibliothek Suhrkamp 208)
Sylvia Plath: Ariel. Gedichte englisch und deutsch. Deutsch von Erich Fried. Suhrkamp Verlag, Frankfurt a.M. 1976 (Bibliothek Suhrkamp 380)
Sylvia Plath: Briefe nach Hause (1950–1963). Ausgewählt und herausgegeben von Aurelia Schober Plath. Aus dem Englischen von Iris Wagner. Hanser Verlag, München 1979; ebenfalls im Ullstein Verlag, Berlin (Ullstein Taschenbuch 30125)
The Journals of Sylvia Plath (1950–1962). Foreword by Ted Hughes. New York 1982
A. Alvarez: Der grausame Gott. Eine Studie über den Selbstmord. Hamburg 1974

Marie Luise Kaschnitz

Marie Luise Kaschnitz: Gesammelte Werke in sieben Bänden. Herausgegeben von Christian Büttrich und Norbert Miller. Insel Verlag, Frankfurt a.M., Band I und II sind 1981 erschienen, Band III 1982

Marie Luise Kaschnitz: Ein Lesebuch. Herausgegeben von Heinrich Vormweg. Suhrkamp Verlag, Frankfurt a.M. 1980 (Suhrkamp Taschenbuch 647)

Marie Luise Kaschnitz: Das dicke Kind. Eremiten-Presse, Düsseldorf 1976

Marie Luise Kaschnitz: Eisbären. Erzählungen. Insel Verlag, Frankfurt a.M. 1972 (Insel-Taschenbuch 4)

Marie Luise Kaschnitz: Ferngespräche. Erzählungen. Suhrkamp Verlag, Frankfurt a.M. 1981 (Bibliothek Suhrkamp 743)

Marie Luise Kaschnitz: Gedichte. Auswahl und Nachwort von Peter Huchel. Suhrkamp Verlag, Frankfurt a.M. 1975 (Bibliothek Suhrkamp 436)

Marie Luise Kaschnitz: Gesang vom Menschenleben. Eremiten-Presse, Düsseldorf 1982

Marie Luise Kaschnitz*: Orte. Aufzeichnungen. Insel-Verlag, Frankfurt a.M. 1973; ebenfalls Suhrkamp Verlag, Frankfurt a.M. 1976 (Bibliothek Suhrkamp 486)

Marie Luise Kaschnitz: Steht noch dahin. Prosaskizzen. Suhrkamp Verlag, Frankfurt a. M. 1976 (Suhrkamp Taschenbuch 57)

Marie Luise Kaschnitz: Tage, Tage, Jahre. Aufzeichnungen. Insel Verlag, Frankfurt a.M. 1968

Marie Luise Kaschnitz: Dein Schweigen – meine Stimme. Heyne Verlag, München 1978 (Heyne Lyrik 0014)

Quellenhinweis «Anaïs Nin»:

Der Text ist entnommen dem Band Anaïs Nin: Das Kindertagebuch. Aus dem Französischen von Irène Kuhn. Copyright 1978 by Rupert Pole als Nachlaßverwalter von Anaïs Nin und Editions Stock. Für die deutsche Ausgabe: Nymphenburger Verlagshandlung GmbH, München 1981 und Fischer-Taschenbuch, Band 5740, Seiten 149–153 und 278–285.

Quellenhinweis «Simone de Beauvoir»:

Der Text ist entnommen dem Band Simone de Beauvoir: Memoiren einer Tochter aus gutem Hause. Aus dem Französischen übertragen von Eva Rechel-Mertens. Rowohlt Taschenbuch Verlag Reinbek 1968. (Band 1066), A. 86–90 und 95–98

Quellenhinweis «Luise Rinser»:

Der Text ist dem Band entnommen: Luise Rinser: Die gläsernen Ringe, S. Fischer Verlag, Berlin, 1941, Fischer Taschenbuch (Band 393, Seiten 27–37.

Bildverzeichnis